PENSAMENTO MATEMÁTICO NA EDUCAÇÃO INFANTIL:

REFLEXÕES PARA EDUCADORES

PENSAMENTO MATEMÁTICO NA EDUCAÇÃO INFANTIL:
REFLEXÕES PARA EDUCADORES

Marcos Vinicius Zanutto

L&PM EDITORES

Texto de acordo com a nova ortografia.
Capa: Ivan Pinheiro Machado. *Ilustração*: iStock
Edição pedagógica: Kátia Chiaradia
Preparação: Helena Jungblut, Janine Mogendorff
Revisão: Alice Meira Moraes
Editoração: Cristiano Guterres
Prefácio: Rodrigo Morozetti Blanco

Cip-Brasil. Catalogação na publicação
Sindicato Nacional dos Editores de Livros, RJ

Z36p

Zanutto, Marcos Vinicius
Pensamento matemático na educação infantil : reflexões para educadores / Marcos Vinicius Zanutto; prefácio Rodrigo Morozetti Blanco. - [1. ed.]. – Porto Alegre [RS]: L&PM, 2025.
200 p. ; 23 cm.

ISBN 978-65-5666-543-6

1. Educação pré-escolar. 2. Matemática (Pré-escolar). 3. Professores de ensino pré-escolar - Formação. 4. Prática de ensino. I. Blanco, Rodrigo Morozetti. II. Título.

24-95610 CDD: 372.21
CDU: 373.2.016:510

Meri Gleice Rodrigues de Souza - Bibliotecária - CRB-7/6439

Rua Comendador Coruja, 314, loja 9 – Floresta – 90.220-180
Porto Alegre – RS – Brasil / Fone: 51.3225.5777

Pedidos & Depto. Comercial: vendas@lpm.com.br
Fale conosco: info@lpm.com.br
www.lpm.com.br

Impresso na Gráfica e Editora Pallotti, Santa Maria, RS, Brasil
Outono 2025

Dedico este livro aos diferentes amores que a vida fez e faz cruzar em meu caminho:

meus amores da família;
meus amigos de vida;
meus amigos de profissão;
meus parceiros da Educação.

Mas quero dedicar, principalmente, a você que quer refletir comigo sobre a aprendizagem da criança e sabe que, como educadores, seremos eternos aprendizes.

Estamos juntos neste caminho de promover uma educação de qualidade, integral, equitativa e que não deixa ninguém para trás!

SUMÁRIO

LISTA DE FIGURAS

PREFÁCIO

A matemática, muitas vezes vista como uma área de conhecimento rígida e completamente abstrata, está intrinsecamente ligada ao cotidiano, às interações sociais, às artes e à exploração do mundo. Compreender a abstração matemática como proveniente de uma observação cuidadosa da realidade é o primeiro passo para entendê-la como uma ciência fluida e profundamente conectada ao que nos rodeia.

Mais do que lidar com abstrações, agir como um matemático envolve também adotar uma atitude investigativa, que se propõe a sistematizar os desafios que encontramos e exaurir as possibilidades de solução, buscando alimentar um caráter crítico e cético. Além disso, significa entender-se como um ser criativo, estabelecendo conexões, buscando explicar e compreender ideias com empatia, ouvindo os diferentes argumentos para tecer os próprios.

Foi esse compromisso com a educação matemática de qualidade que mais me chamou a atenção quando conheci o autor deste livro, em 2017, durante um projeto cuja missão era produzir seis mil planos de aula alinhados à Base Nacional Comum Curricular (BNCC), na época, recém-homologada. Desde então, sete anos se passaram e estive ao lado de Marcos em diversos outros projetos educacionais, todos eles com o propósito de melhorar a educação brasileira.

Curiosamente, sete anos é o tempo médio que uma criança leva, segundo Piaget, para atravessar dois estágios de seu desenvolvimento cognitivo: o sensório-motor e o pré-operacional. Se compararmos o processo de implementação da BNCC com o desenvolvimento de uma criança, estaríamos agora entrando no estágio das operações concretas.

Ocorre, entretanto, que os processos educacionais têm bem mais de sete anos e a Base não surge em um terreno limpo e pronto para o crescimento, como é o cérebro de um bebê. É preciso lembrar que as práticas pedagógicas vêm se solidificando na Educação Infantil há muitos anos e a BNCC aparece para, pela primeira vez no Brasil, regulamentar os direitos de aprendizagem e os objetivos de desenvolvimento das crianças em cada fase.

Colocar isso em prática não é uma tarefa simples. Primeiro, é preciso uma reflexão profunda sobre as práticas comuns nas escolas de Educação Infantil: quais objetivos temos conseguido atingir e, principalmente, quais aspectos essenciais dessa etapa estão sendo deixados de lado. Depois, é fundamental considerar como as crianças dessa década estão chegando às escolas e como será o mundo que elas encontrarão no futuro, para que possamos entendê-las e educá-las da melhor maneira possível.

Este livro vem, então, em boa hora. Em meio a tantas publicações que oferecem uma enxurrada de teorias e metodologias, prometendo transformar a educação da noite para o dia, esta obra se propõe a discutir, com embasamento teórico, práticas muito frequentes nas escolas. E vai além da crítica: convida educadores(as) a experimentarem outras estratégias, explicadas com cuidado ao longo dos capítulos.

Além de apresentar boas práticas pedagógicas como alternativas viáveis para o cotidiano das crianças, o livro tem o pensamento matemático como eixo condutor dessas práticas. Torna-se, assim, um material bastante inovador e que ocupa um espaço que vem sendo negligenciado nas publicações para essa etapa.

É com essa premissa que o livro traz atividades que buscam desenvolver o pensamento matemático na infância, entendendo que esse desenvolvimento não significa apenas aprender a contar, operar, medir e reconhecer figuras. Significa, antes, ter um olhar curioso sobre os padrões que surgem espontaneamente no cotidiano e, pouco a pouco, abstrair esses padrões para construir ideias sobre o mundo. Já no primeiro capítulo, Piaget é evocado para falar sobre esse tipo de abstração.

Por tudo isso, este livro não se limita a ser apenas uma compilação de teorias e práticas, mas também um convite à ação. Ao compreender a prática docente como um processo em constante aprimoramento, que emerge da interação entre os saberes próprios de quem vive a educação no cotidiano e os saberes construídos na academia, a obra convoca para uma reflexão sobre a prática e seus resultados, oferecendo múltiplos caminhos alternativos.

Ao oferecer, aos(às) educadores(as), ideias, conceitos, esquemas, propostas e estratégias práticas, Marcos busca fomentar um ambiente de aprendizado que valoriza a curiosidade natural das crianças e promove o seu desenvolvimento integral. Seja com propostas que conectam o pensamento matemático à literatura e outras artes ou que utilizam jogos e brincadeiras, o autor nunca trata a matemática como uma ciência isolada. Ao estimular a criação de experiências capazes de conectar a matemática ao mundo que as crianças conhecem e vivenciam, como bem explicitado no capítulo sobre etnomatemática, este livro contribui para o desenvolvimento de uma geração competente para atuar tanto no presente, quanto em um futuro cheio de possibilidades.

Que as reflexões e propostas deste livro inspirem novas práticas pedagógicas, promovendo o desenvolvimento de crianças curiosas, críticas e criativas, envolvidas com as ideias que um dia formarão os conceitos de número e forma. Que a Educação Infantil não seja apenas uma etapa da escolarização, mas um espaço de incontáveis possibilidades de aprendizado e desenvolvimento.

Boa leitura e bom trabalho.

Rodrigo Morozetti Blanco
Especialista em matemática e
formador de professores

INTRODUÇÃO

Este livro analisa como diferentes abordagens pedagógicas na Educação Infantil podem potencializar o desenvolvimento do pensamento matemático nas crianças. Cada capítulo aborda um aspecto essencial do desenvolvimento do pensamento matemático na infância, examinando como diferentes estratégias e recursos podem ser utilizados para estimular as competências matemáticas desde cedo. O livro está estruturado de forma a proporcionar uma compreensão profunda e prática do tema, começando, em cada capítulo, com a exposição de uma situação hipotética, mas comum nas escolas, a qual é seguida por uma fundamentação teórica detalhada, uma análise crítica da situação e, por fim, a apresentação de propostas pedagógicas relacionadas ao tema central do capítulo.

O primeiro capítulo se concentra no desenvolvimento daquilo que, um dia, será o conceito de número e sobre como as crianças começam a construir sua compreensão de quantidades e sua relação com os números a partir de experiências cotidianas. Por meio de jogos, brincadeiras e interações sociais, o capítulo demonstra como as primeiras ideias acerca de número podem ser introduzidas de maneira lúdica e significativa.

O segundo capítulo trata do uso de jogos e brincadeiras como ferramentas pedagógicas essenciais para o desenvolvimento de diversas habilidades, dentre elas a resolução de situações-problema. Jogos de tabuleiro, brincadeiras de contagem e atividades mentalmente desafiadoras são analisados de maneira profunda, com exemplos práticos de como podem ser incorporados ao cotidiano escolar para promover o raciocínio lógico e a resolução de problemas.

A literatura, com seu potencial de integrar ideias matemáticas em histórias e narrativas, é o foco do terceiro capítulo, no qual se aborda como os livros infantis podem ser utilizados para introduzir e discutir situações de forma envolvente, permitindo que as crianças desenvolvam habilidades matemáticas enquanto desfrutam de boas histórias.

No quarto capítulo, a atenção se volta para o uso de materiais não estruturados. Esses materiais, que podem incluir desde blocos de construção até elementos naturais, são apresentados como recursos valiosos para a exploração de conceitos de maneira concreta. O capítulo examina como o manuseio e a manipulação desses materiais ajudam as crianças a construírem uma compreensão sólida de ideias, como volume, espaço e simetria.

A etnomatemática é o tema do quinto capítulo, que explora como os conhecimentos presentes nas práticas culturais podem ser incorporados ao desenvolvimento do pensamento matemático na Educação Infantil. Através de exemplos práticos, o capítulo demonstra como a etnomatemática pode enriquecer o currículo, conectando o aprendizado às experiências culturais das crianças e promovendo uma educação inclusiva e diversificada.

Finalmente, o sexto capítulo foca no uso das diferentes linguagens artísticas como meio de desenvolver o pensamento matemático. O capítulo examina como a arte, em suas diversas formas – pintura, escultura, música, dança –, pode ser utilizada para explorar conceitos matemáticos, oferecendo uma abordagem criativa e envolvente para o aprendizado.

Esta obra, portanto, não apenas apresenta uma visão teórica do desenvolvimento do pensamento matemático na Educação Infantil, como também oferece aos(às) professores(as) reflexões práticas e concretas para potencializar seu trabalho com as crianças. Combinando estudos de caso, fundamentação teórica, análise crítica e propostas pedagógicas, os capítulos proporcionam uma base sólida para a reflexão e a prática educativa, destacando a importância de um planejamento intencional e diversificado que valorize a infância e promova o desenvolvimento integral das crianças.

CAPÍTULO 1

INTRODUÇÃO AO PENSAMENTO MATEMÁTICO NA EDUCAÇÃO INFANTIL

Neste capítulo, exploraremos uma situação hipotética que, à primeira vista, apresenta os desafios comuns do início da construção do conceito de número na infância. Ao longo da fundamentação teórica e da análise crítica, que virá em seguida, demonstraremos como essas dificuldades podem ser superadas com uma proposta prático-reflexiva.

SITUAÇÃO HIPOTÉTICA 1

Em uma escola de Educação Infantil, um(a) professor(a) planejou uma proposta para abordar alguns conceitos de pensamento matemático com a sua turma de crianças entre quatro e cinco anos. A sala de referência está organizada de forma ordenada, com mesas dispostas em fileiras e uma lousa à frente. Cada criança tem seu próprio lugar marcado.

O objetivo da proposta, segundo o(a) professor(a), é introduzir ludicamente conceitos de contagem e reconhecimento de números. O(a) professor(a) começa com uma atividade de rotina, utilizando a lousa para chamar a atenção das crianças.

"Bom dia, crianças! Hoje vamos aprender a contar até cinco", anuncia o(a) professor(a), enquanto desenha cinco maçãs na lousa. "Vamos contar juntos? Uma, duas, três, quatro, cinco."

Ele(a) pede que as crianças repitam a contagem em voz alta, reforçando a correspondência entre os números e os objetos desenhados. Em seguida, ele(a) distribui folhas de papel com imagens de objetos variados, para que as crianças possam contar e colorir. Cada folha tem um conjunto de até cinco itens desenhados, como maçãs, carros e bolas.

"Agora, quero que vocês contem os objetos em cada folha e pintem cada um deles. Quando terminarem, levantem a mão para que eu possa ver", instrui o(a) professor(a), caminhando pela sala para acompanhar o progresso das crianças.

As crianças se concentram na tarefa, utilizando lápis de cor para pintar as imagens enquanto contam. O(a) professor(a) oferece assistência individual quando necessário, corrigindo e orientando gentilmente. "Quantas maçãs você contou, Sofia? Vamos contar juntos mais uma vez."

Após a atividade, ele(a) recolhe as folhas e distribui cartões com números de um a cinco. Ele(a) pede que as crianças identifiquem e ordenem os cartões, reforçando o reconhecimento dos números.

"Vamos colocar os números na ordem correta. Quem pode me mostrar onde está o número um? E o dois?", pergunta o(a) professor(a), chamando uma criança de cada vez para participar.

Para finalizar a proposta, organiza um momento de repetição e memorização. O(a) professor(a) declama um texto rimado simples sobre números, incentivando as crianças a repetirem junto com ele(a). "Um, dois, feijão com arroz. Três, quatro, feijão no prato."

Quando pensamos no desenvolvimento de conceitos matemáticos na Educação Infantil, é fundamental reconhecer que é um processo que permeia todo esse ciclo escolar. As crianças, gradativamente, iniciam a exploração de seu entorno com o que lhes é concreto, para caminhar em direção à compreensão de noções abstratas que envolvem a aprendizagem do conceito de número (KAMII, 2023), como a quantificação, a ordenação e a classificação. Além disso, também são desenvolvidas as ideias das formas e as noções de tempo e de medidas, fundamentais para as aprendizagens matemáticas no futuro.

A abordagem pedagógica, coerente com as expectativas de aprendizagem da Educação Infantil para o desenvolvimento desses conhecimentos matemáticos, deve ser cuidadosamente pensada, levando em consideração a faixa etária das crianças e proporcionando intencionalmente momentos de manipulação, ludicidade e protagonismo infantil. Tais ações ampliam as possibilidades de internalização dos conceitos esperados, pois, como afirma Constance Kamii (2023), cada criança constrói sua noção de número através da criação e da coordenação de diversas relações.

Os estudos de Kamii têm como base o legado de Piaget sobre o desenvolvimento dos conceitos matemáticos nas crianças. O teórico divide o conhecimento em três categorias: físico, lógico-matemático e social (PIAGET, 2023, 2024). O conhecimento físico está relacionado aos objetos reais e concretos para as crianças; o lógico-matemático refere-se à abstração interna, ou seja, como o sujeito se relaciona com os objetos; e, por fim, o social, que se baseia nas convenções sociais a que estamos submetidos.

Girliane Castro de Almeida e Paulo Meireles Barguil (2016) destacam como esse conhecimento se desenvolve nas crianças:

> Para Piaget, os conhecimentos não são construídos de forma segregada, ou seja, não se utiliza em um determinado momento o conhecimento físico, em outro momento o conhecimento social e posteriormente o conhecimento lógico-matemático. Em suas relações estabelecidas diariamente, a criança se reporta, ao mesmo tempo, aos diferentes tipos de conhecimento. Para que ela, por exemplo, perceba as propriedades físicas de um determinado objeto, ela necessita utilizar o conhecimento lógico-matemático estabelecendo relações entre as informações que já conhece. (ALMEIDA, BARGUIL, 2016, p. 202)

Figura 1 – Representação e exemplificação dos dois tipos de abstrações, segundo Kamii (2023).

Portanto, o desenvolvimento do raciocínio lógico-matemático envolve a coordenação de relações abstratas entre objetos e supõe que a criança evolui nesse processo ao fazer comparações e estabelecer associações. Kamii (2023) também distingue dois tipos de abstração: empírica, focada em propriedades observáveis, e reflexiva, envolvendo a construção de relações entre objetos.

A autora sugere que, para favorecer o desenvolvimento do pensamento lógico-matemático nas crianças, os(as) professores(as) criem situações diversas de aprendizagem que despertem a curiosidade delas e envolvam-nas em conceitos em diferentes contextos educacionais. Atividades como resolução de problemas, discriminação, seriação, categorização e estabelecimento de relações são essenciais para iniciar o desenvolvimento de conceitos matemáticos.

O DESENVOLVIMENTO DO CONCEITO DE NÚMERO E A BNCC

A Base Nacional Comum Curricular (BNCC), desde 2018, estabelece diretrizes claras para o trabalho pedagógico na Educação Infantil, reconhecendo a importância de uma abordagem contextualizada e significativa para o desenvolvimento integral das crianças. Dentre os diversos conhecimentos que devem ser promovidos, o conceito de número se destaca, pois está intrinsecamente ligado ao cotidiano e à realidade das crianças, permitindo que elas compreendam e utilizem a matemática de forma prática e lúdica. Trabalhar o conceito de número na Educação Infantil requer uma abordagem que respeite o tempo, o ritmo e as singularidades de cada criança, proporcionando experiências que vão além da memorização, da repetição de registros e de "cantar" números.

Na Educação Infantil, o conceito de número deve ser desenvolvido por meio de propostas que favoreçam a construção do conhecimento de forma concreta e manipulativa. A BNCC (BRASIL, 2018, p. 38) ressalta a importância do brincar como um dos seis direitos de aprendizagem e desenvolvimento, reconhecendo que as crianças aprendem de maneira significativa quando têm a oportunidade de explorar, investigar e interagir com os materiais disponíveis. Nesse sentido, o uso de tampinhas, blocos de madeira, conchas e outros objetos do cotidiano torna-se essencial para que as crianças experimentem e compreendam a quantificação, a classificação e a seriação de forma lúdica e intuitiva.

O planejamento das propostas educativas deve ser intencional e contextualizado, levando em consideração o ambiente em que as crianças estão inseridas. Ao observar as experiências e os interesses das crianças, o professor pode criar propostas que conectem o conceito de número com a vida cotidiana delas. Por exemplo, contar e classificar objetos que fazem parte do seu universo, como brinquedos, frutas ou materiais encontrados na natureza, pode ser uma forma eficaz de entrar em contato com os números de maneira significativa. O uso de situações-problema que envolvam ideias numéricas em contextos reais – como quantas frutas há em uma cesta ou quantas crianças há na turma – permite que as crianças iniciem o desenvolvimento da capacidade de argumentação e resolução de problemas, competências esperadas pela BNCC (BRASIL, 2018, p. 9-10).

O diálogo e a reflexão em grupo devem fazer parte das propostas oferecidas às crianças, inclusive durante o trabalho com o início do processo de conceitualização de número. Nele, deve-se incluir a promoção de momentos de discussão em roda para que as crianças compartilhem descobertas, raciocínios e estratégias utilizadas nas suas vivências. A BNCC (BRASIL, 2018) enfatiza a importância das interações sociais para a construção do conhecimento e o ambiente escolar deve ser um espaço em que as crianças se sintam seguras para expressar suas ideias e questionamentos.

Outra vertente importante a ser considerada no desenvolvimento do conceito de número na Educação Infantil é a relação entre propostas que envolvam a criação com padrões, composições e ritmos – as quais, por exemplo, podem auxiliar na percepção dos números de forma integrada e multidimensional com a arte. A articulação entre diferentes saberes enriquece as experiências de aprendizagem, contribuindo para a formação de crianças mais criativas e curiosas.

Além disso, a exploração de espaços externos da escola pode ampliar ainda mais as possibilidades de aprendizagem. Conforme abordam Maria da Graça Souza Horn e Maria Carmen Silveira Barbosa (2022), o desemparedamento da infância indica que as crianças devem ter acesso a ambientes variados e que estimulem sua curiosidade e criatividade. O espaço externo, como pátios, parques e áreas verdes, oferece oportunidades únicas para a exploração de diversos conceitos, como o de número. Por exemplo, as crianças podem contar as flores em um jardim, medir a altura de uma árvore com passos ou estimar a quantidade de pedras para construir um caminho. Essas atividades ao ar livre não só enriquecem a aprendizagem e o desenvolvimento de saberes matemáticos, mas também promovem a saúde física e emocional das crianças.

Aprofundando

O desemparedamento da infância é um conceito que propõe romper com as barreiras físicas e simbólicas que limitam as experiências das crianças, levando-as para além das paredes das salas de aula e dos ambientes fechados. Essa abordagem defende que as crianças devem ter mais contato com a natureza, espaços abertos e o mundo ao seu redor, incentivando a exploração, o movimento livre e o aprendizado através de interações diretas com o ambiente. O desemparedamento busca promover uma infância mais ativa, saudável e conectada com o mundo real, respeitando o ritmo e as necessidades das crianças.

A BNCC (BRASIL, 2018, p. 38) evidencia que as experiências de aprendizagem devem garantir o direito das crianças de brincar e aprender de forma lúdica, respeitando suas curiosidades e interesses. Dessa forma, o planejamento das propostas deve contemplar a ludicidade como um elemento central, proporcionando momentos de diversão e descoberta que estimulem o interesse e a motivação das crianças em relação aos mais diversos saberes. Brincadeiras, jogos e desafios que incentivem a exploração e a experimentação são fundamentais para que as crianças desenvolvam uma relação positiva com noções matemáticas básicas, de maneira ainda embrionária, mas que serão desenvolvidas futuramente.

Um exemplo prático seria uma proposta em que as crianças, ao ar livre, são desafiadas a criar um "jardim dos números", utilizando materiais da natureza para representar diferentes quantidades. Elas podem coletar folhas, flores ou pedras e, em seguida, organizá-las em grupos que lhes permitam comparar as quantidades, dizendo se "tem mais" ou "tem menos", refletindo sobre suas representações e comparando os grupos. Esse tipo de proposta promove o desenvolvimento de conceitos matemáticos de forma integrada e concreta, enquanto também desenvolve habilidades sociais e de cooperação.

A partir das reflexões construídas ao longo deste capítulo, vamos retomar a Situação Hipotética 1, com o objetivo de examinar as implicações práticas e fazer algumas considerações:

ANÁLISE DA SITUAÇÃO HIPOTÉTICA 1

A SALA DE REFERÊNCIA

Na Situação Hipotética 1, a sala de referência é descrita como organizada em fileiras e, nela, cada criança recebe um lugar determinado para se sentar. Ao refletirmos sobre a BNCC, especificamente nos eixos estruturantes da Educação Infantil – interações e brincadeira –, percebemos que ela visa proporcionar "experiências nas quais as crianças podem construir e apropriar-se de conhecimentos por meio de suas ações e interações com seus pares e com os adultos, o que possibilita aprendizagens, desenvolvimento e socialização" (BRASIL, 2018, p. 37).

Com isso, é importante considerar como a disposição dos lugares colabora para as interações e a construção entre pares é necessária às crianças. A organização física do espaço apoia não apenas o desenvolvimento de conceitos introdutórios de pensamento matemático, mas todas as aprendizagens esperadas à Educação Infantil.

A intencionalidade pedagógica dos(as) docentes em suas ações é crucial para assegurar que, mesmo em lugares individuais, as interações entre as crianças sejam garantidas. A interação ocorrerá sempre que houver mais de um ser humano em uma relação, mas é fundamental que, como profissionais da educação que atuam com estas faixas etárias, possamos promover essa interação de maneira planejada, organizada e intencional.

Assim, a reflexão que propomos é:

Independentemente da disposição física do mobiliário de que você, professor(a), dispõe em sua sala de aula, como planeja para que haja interações e discussões em pares entre suas crianças?

A (INADEQUADA) INTRODUÇÃO DO CONCEITO

O segundo ponto de análise é a proposta de introdução do conceito de número feito pelo(a) professor(a) da Situação Hipotética 1. Ele(a) desenha cinco maçãs na lousa e, em seguida, realiza a contagem oral com as crianças. Observamos que o foco está na atuação do(a) professor(a), enquanto as crianças ficam numa situação passiva de aprendizagem, apenas verbalizando e repetindo o que lhes é pedido.

Como destacamos, a construção do pensamento matemático deve ser gradual, tendo a criança como protagonista e sendo desenvolvida a partir de contextos educacionais planejados intencionalmente pelos(as) docentes. A reflexão é:

Como promover uma aprendizagem significativa de conceitos matemáticos para além do uso da lousa e do giz?

As interações das crianças na Educação Infantil devem incluir o meio em que vivem. Retomando o conceito de aprendizagem de Piaget (2024), precisamos lembrar que uma das categorias é o físico. Uma criança construirá o conhecimento de número, um saber abstrato, se primeiro vivenciar e interagir com o meio físico que a rodeia. Sendo assim, é fundamental que ela passe primeiro por essa experiência de interação com o ambiente para, então, iniciar a elaboração de um saber abstrato, como é o de número.

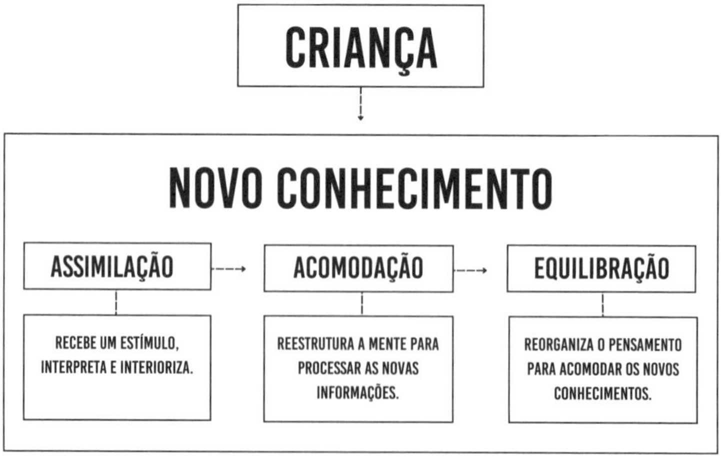

Figura 2 – Conceito de aprendizagem de Piaget a partir do encontro da criança com um novo conhecimento.[1]

1. Após a equilibração, pode ser introduzido um novo desequilíbrio, no qual se é proposto um novo conflito frente à aprendizagem que já estava acomodada. Para Piaget (2023), há uma diferença entre mente e pensamento, sendo a mente a estrutura cognitiva e o pensamento o processo de utilizar essa estrutura para interpretar e resolver problemas.

Os primeiros passos para uma aprendizagem precisam ser significativos e privilegiar o mundo concreto das crianças. Estamos rodeados de possibilidades numéricas, tanto dentro quanto fora da sala de aula. Assim, o planejamento docente deve promover diversos momentos de contato físico e concreto com os saberes matemáticos, principalmente no mundo que rodeia as crianças.

Explorar a contagem dos estudantes da turma colabora para o reconhecimento de que cada criança representará um algarismo, além de introduzir a ordem numérica; utilizar os dedos como a primeira representação numérica e identificar números no contexto do cotidiano da criança – como o número do calçado, do celular, da casa, do apartamento, entre outros – são algumas possibilidades para tornar os números significativos. Dessa maneira, a criança conseguirá vislumbrá-los em seu mundo físico.

A metodologia

O terceiro e último ponto a destacar na Situação Hipotética 1 deste capítulo é o pedido do(a) docente para que as crianças pintem as quantidades solicitadas após as orientações e, em seguida, ordenem os cartões com os números de um a cinco.

Historicame nte, no ensino de matemática tradicional e para etapas do Ensino Fundamental e do Médio, seguia-se um padrão em que o professor explicava o conteúdo, mostrava exemplos e os alunos replicavam esses exemplos em exercícios, sem muita exploração ou adaptação criativa.

Figura 3 – Padrão da tríade tradicional de ensino de matemática.

Na Situação Hipotética 1, a tríade tradicional de ensino foi aplicada da seguinte forma: o(a) professor(a) inicia a aula explicando que as crianças terão uma atividade sobre contagem; em seguida, apresenta o exemplo das cinco maçãs, contando em voz alta com a turma; por fim, entrega uma folha e pede para que as crianças reproduzam o exemplo da lousa.

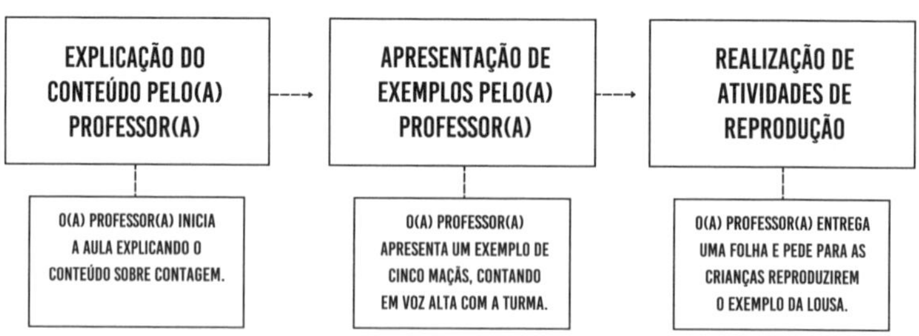

Figura 4 – Prática ocorrida na Situação Hipotética 1.

A pergunta que fazemos agora é:

Como podemos romper com os métodos tradicionais de ensino do pensamento matemático em que fomos formados quando crianças em prol do respeito ao tempo do desenvolvimento do pensamento matemático?

Para responder a essa pergunta, o primeiro passo é você estar lendo este texto. Para aprofundar a formação continuada do(a) docente, é necessário refletir sobre as práticas historicamente reproduzidas na Educação Infantil.

O próximo passo é privilegiar, no planejamento dos encontros com as crianças, os eixos estruturantes das práticas pedagógicas previstas na BNCC (BRASIL, 2018, p. 37), que são (e sempre devem ser, na Educação Infantil) as interações e as brincadeiras. A compreensão do conceito nocional de número não é inata e requer um processo de construção ativa por parte da criança. Portanto, o foco das ações pedagógicas deve ser a atuação delas, o que pode ser promovido por meio de jogos, brincadeiras, contextos da rotina, discussões e reflexões coletivas, sempre mediadas pelo(a) docente.

Ainda que essa abordagem valorize a ação ativa, haverá momentos de sistematização e orientações por parte do(a) professor(a). No entanto, toda a construção do conhecimento já terá ocorrido de maneira autônoma pela criança, tornando o desenvolvimento de habilidades e competências mais significativo para ela.

A seguir, vamos explorar uma abordagem prática para o planejamento de uma proposta que integre os princípios discutidos até então:

COLOCANDO A MÃO NA MASSA: PROPOSTA PRÁTICO-REFLEXIVA

Contexto inicial:

Em uma turma de pré-escola, o(a) professor(a) decide desenvolver um projeto contínuo para a construção do conceito de número, utilizando uma abordagem que privilegia o protagonismo das crianças e promove momentos de reflexão coletiva. O projeto será associado, prioritariamente, ao campo de experiências "O eu, o outro e o nós", conforme indicado pela BNCC.

Objetivos de aprendizagem e desenvolvimento:

(EI02EO04) Comunicar-se com os colegas e os adultos, buscando compreendê-los e fazendo-se compreender.

(EI03EO04) Comunicar suas ideias e sentimentos a pessoas e grupos diversos.

(EI03ET07) Relacionar números às suas respectivas quantidades e identificar o antes, o depois e o entre em uma sequência.

(EI02EO02) Demonstrar imagem positiva de si e confiança em sua capacidade para enfrentar dificuldades e desafios.

(EI03EO02) Agir de maneira independente, com confiança em suas capacidades, reconhecendo suas conquistas e limitações.

Etapa 1:

Introdução ao projeto: "Meu mundo em números".

Objetivo específico da proposta:
Introduzir as crianças a situações de contexto numérico, destacando sua presença no cotidiano, seja por meio de objetos concretos, ou por meio do reconhecimento de símbolos, e promovendo a interação entre os alunos.

Proposta:

1. Roda de conversa:

- O(a) professor(a) inicia com uma roda de conversa, perguntando às crianças onde elas veem números no dia a dia. Algumas respostas podem incluir o número da casa, o número do sapato, a idade, entre outros.
- O(a) professor(a) anota as respostas em um painel, incentivando as crianças a relatarem suas próprias observações. O painel ficará exposto e será revisado no decorrer das etapas.

2. Atividade coletiva:

- O(a) professor(a) propõe que as crianças tragam para a escola objetos concretos que tenham números. Pode ser uma camiseta com número, um brinquedo com números ou qualquer outro item que elas encontrarem.
- Cada criança apresenta seu objeto para o grupo, explicando onde encontrou o número e o que ele representa. Isso promove o protagonismo e a reflexão coletiva.
- Após a apresentação, o painel, iniciado na aula anterior, será atualizado com os outros contextos de número trazidos pelas crianças.

Etapa 2:
Brincadeira de contar – "Contando com os amigos".

Objetivo específico da proposta:
Explorar a contagem e a quantificação por meio de brincadeiras colaborativas.

Proposta:

1. Jogo dos amigos:

- A turma é organizada em pequenos grupos, que recebem uma cesta com objetos concretos diversos (bolas, blocos, bonecos).
- Cada grupo deve contar quantos objetos tem em sua cesta e registrar a quantidade em um cartão.
- Os grupos trocam as cestas e conferem a contagem feita pelo grupo anterior, promovendo a verificação e discussão entre pares.
- Os ajustes da contagem devem ser feitos pelas próprias crianças, enquanto o(a) professor(a) observa e conduz os grupos, anotando como estão realizando as contagens, fazendo os registros para acompanhar a evolução de cada criança.

2. Reflexão coletiva:

- Após a atividade, o(a) professor(a) reúne a turma e pergunta como as crianças realizaram a contagem, se enfrentaram alguma dificuldade e como a resolveram.

- As crianças compartilham suas experiências, incentivando a reflexão sobre diferentes estratégias de contagem e colaboração.

Etapa 3:
Brincadeiras simbólicas – "Situações numéricas".

Objetivo específico da proposta:
Explorar diferentes contextos numéricos através de brincadeiras simbólicas.

Proposta:
1. Empresa de brinquedo:
- É montado um espaço com diferentes objetos concretos que são encontrados em escritórios: teclados, calculadoras, celulares sem bateria, papéis para registros e desenhos, canetas, entre outros.
- As crianças brincam e exploram as possibilidades de diferentes representações numéricas.

2. Mercadinho:
- As crianças levam para a escola diferentes embalagens vazias de alimentos, produtos de limpeza e de higiene pessoal para montar um mercadinho.
- São disponibilizadas cédulas e moedas de brinquedo para que explorem valores e preços.
- A turma brinca e explora outras representações dos números, como as que aparecem nas embalagens, nos preços dos objetos

e nas cédulas e moedas. O foco não é a operação matemática, ou seja, se as crianças estão calculando corretamente os preços, mas sim o contato com as diferentes representações numéricas no cotidiano.

Etapa 4:
Números na natureza – "Explorando o jardim".

Objetivo específico da proposta:
Associar o conceito de número ao ambiente natural, promovendo a observação e a interação com o meio.

Proposta:
1. Exploração do ambiente:
- A turma vai para o jardim da escola e o(a) professor(a) propõe uma atividade de busca por números na natureza. Eles contam flores, folhas, pedras e outros elementos naturais.
- Cada criança ou grupo anota suas descobertas em um caderno de campo.
- Pode ser promovida uma brincadeira, na qual o(a) professor(a) informa um número e as crianças devem encontrar, no ambiente, a quantidade correspondente.

2. Discussão em grupo:
- De volta à sala, as crianças compartilham o que encontraram e quantificaram. O(a) professor(a) guia a discussão, perguntando como realizaram as contagens e o que aprenderam sobre os números na natureza.

Etapa 5:
Jogos matemáticos – "Brincando e aprendendo".

Objetivo específico da proposta:
Reforçar o conceito de número através de jogos educativos que envolvem contagem e quantificação.

Proposta:
1. Jogos de tabuleiro:

- O(a) professor(a) prepara vários jogos de tabuleiro que envolvem contagem e movimento por casas numeradas.
- As crianças jogam em duplas ou pequenos grupos, ajudando-se a contar e avançar no jogo.

2. Reflexão Coletiva:

- Após os jogos, a turma se reúne para conversar sobre como os jogos as ajudaram na compreensão dos números. As crianças compartilham as estratégias que usaram e como ajudaram seus colegas.

Etapa 6:
Nossas descobertas – "Nossa comunidade em números".

Objetivo específico da proposta:
Concluir as etapas com uma atividade que sintetize o aprendizado sobre números, relacio-

nando-o ao campo de experiências "O eu, o outro e o nós".

Proposta:

1. Criação de um mural:

- O(a) professor(a) pede que as crianças, com a ajuda dos pais, tragam fotos de elementos numéricos presentes em suas casas ou na comunidade (números de casas, placas de rua, preços de mercados etc.).
- As crianças montam um mural com as fotos, destacando onde os números aparecem em suas vidas e na comunidade.

2. Apresentação coletiva:

- Cada criança apresenta sua contribuição ao mural, explicando a importância daquele número no contexto da comunidade.
- O(a) professor(a) promove uma reflexão final sobre como os números estão presentes em nossas vidas e como podemos utilizá-los de diferentes maneiras.

Essa proposta prático-reflexiva demonstra como o desenvolvimento das noções de número pode ser construído de forma significativa na Educação Infantil, utilizando uma abordagem que privilegia o protagonismo das crianças e promove momentos de reflexão coletiva. Ao integrar as propostas educativas de números ao cotidiano e ao ambiente das crianças e ao utilizar jogos e atividades colaborativas, a aprendizagem torna-se mais concreta, envolvente e contextualizada.

É importante destacar que as propostas não estão focadas no ensino sistematizado de conceitos matemáticos às crianças. Isso só virá a acontecer no Ensino Fundamental. Elas visam o processo de letramento do pensamento numérico, respeitando a idade das crianças e os princípios das interações e brincadeiras que permeiam o currículo da Educação Infantil. Cabe ao(à) professor(a), nesse contexto, planejar propostas que privilegiem o protagonismo das crianças nas atividades, garantindo que sejam significativas e processuais.

CAPÍTULO 2

JOGOS E BRINCADEIRAS MATEMÁTICAS

Neste capítulo, analisaremos uma Situação Hipotética que utiliza jogos e brincadeiras como meio para desenvolver o pensamento matemático. Ao longo da fundamentação teórica e da análise crítica, veremos como esses desafios podem ser superados através de uma proposta prático-reflexiva, que abrange novas maneiras de promover a lógica e a resolução de problemas em crianças de maneira lúdica.

SITUAÇÃO HIPOTÉTICA 2

Em uma turma de crianças pequenas, o(a) professor(a) decide implementar uma proposta para desenvolver o pensamento matemático utilizando jogos e brincadeiras tradicionais, com o objetivo de reforçar o conceito de número e contagem. Embora a intenção seja promover o aprendizado por meio de uma abordagem lúdica, a atividade acaba sendo conduzida de maneira bastante estruturada, focando exclusivamente nos conhecimentos matemáticos.

O(a) professor(a) começa explicando o "Jogo da Contagem". Ele(a) apresenta o tabuleiro do jogo, que é composto por casas numeradas de um a vinte e um dado. As crianças são organizadas em duplas e cada dupla recebe um peão para movimentar no tabuleiro.

O(a) professor(a) explica detalhadamente as regras do jogo, segundo as quais cada criança, na sua vez, deve lançar o dado, contar os pontos e mover o peão pelo número de casas correspondente no tabuleiro. Ele(a) enfatiza que o objetivo do jogo é chegar primeiro ao fim do tabuleiro.

As crianças começam a jogar sob a supervisão constante do(a) professor(a). Ele(a) caminha pela sala, corrigindo as contagens, orientando as crianças sobre como mover os peões, e observa que algumas crianças têm dificuldades em contar corretamente e intervém.

Durante a atividade, o(a) professor(a) realiza pausas frequentes para explicar conceitos matemáticos relacionados à contagem, como sucessão numérica e quantidade. Sempre que uma criança comete um erro, o jogo é interrompido para que a correção seja feita, enfatizando a importância de contar corretamente.

Ao fim da atividade, o(a) professor(a) recolhe os tabuleiros e peões, elogiando as crianças que conseguiram concluir o jogo corretamente. Então, encerra a dinâmica com uma revisão oral dos conceitos de contagem e números, fazendo perguntas diretas para confirmar o aprendizado.

Os jogos e as brincadeiras na Educação Infantil têm um papel importante no desenvolvimento cognitivo das crianças, pois é a partir deles que muitos conhecimentos, inclusive os que envolvem o pensamento matemático, são estruturados. Esses recursos lúdicos contribuem para o aprendizado e promovem o desenvolvimento cognitivo, social, emocional e físico das crianças. Por isso, se torna necessária uma abordagem intencional ao utilizar jogos e brincadeiras no contexto educativo.

Jean Piaget (2023), um dos teóricos mais influentes no estudo do desenvolvimento infantil, argumenta que as crianças constroem conhecimento ativamente através da interação com o ambiente. Em suas pesquisas, ele enfatiza que os jogos simbólicos e as brincadeiras são fundamentais para o desenvolvimento do pensamento lógico-matemático e para a compreensão de conceitos abstratos. Segundo o teórico, ao brincar, as crianças experimentam e internalizam diferentes formas de pensar e resolver problemas, o que é essencial para o desenvolvimento cognitivo e, por consequência, do pensamento matemático.

Lev Vigotski (2018) amplia essa visão, ressaltando o papel fundamental das interações sociais nas brincadeiras. Ele afirma que o desenvolvimento cognitivo ocorre, principalmente, por meio da mediação de outros, especialmente em contextos de brincadeira. Vigotski introduziu o conceito de "zona de desenvolvimento proximal", que é, em suma, a diferença entre o que a criança pode fazer sozinha e o que pode fazer com a ajuda de um adulto ou de outras crianças mais experientes (VIGOTSKI, 2018). O estudioso russo argumenta que jogos e brincadeiras estruturadas de maneira intencional podem ampliar essa zona, promovendo avanços significativos no desenvolvimento das habilidades cognitivas e sociais das crianças.

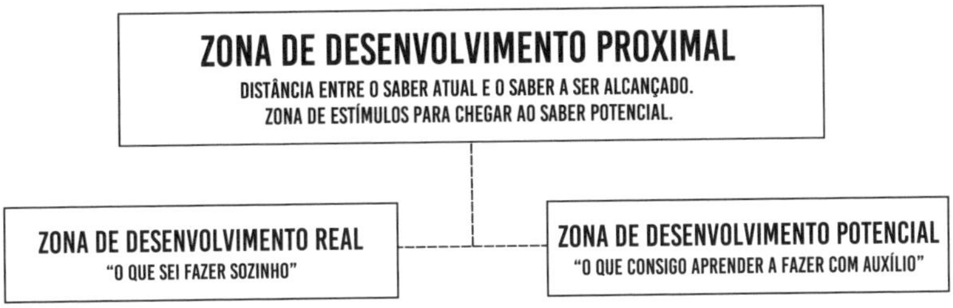

Figura 5 – Representação e exemplificação da Zona de Desenvolvimento Proximal de Vigotski.

No contexto da Educação Infantil, a intencionalidade pedagógica no uso de jogos e brincadeiras é crucial para promover o desenvolvimento das crianças de forma significativa. Embora o ato de brincar tenha valor por si só, quando atividades lúdicas são planejadas de forma estratégica, os benefícios para o desenvolvimento são potencializados. Tizuko Morchida Kishimoto (2017) destaca que os jogos educativos não apenas entretêm, como também ensinam, estimulando a curiosidade, a investigação e o pensamento crítico. A autora defende que a seleção dos jogos deve sempre considerar os objetivos de aprendizagem e o desenvolvimento integral da criança.

Além disso, Kamii (2023), com base nas teorias de Piaget, reforça a importância de proporcionar às crianças oportunidades para que possam experimentar, explorar e construir conhecimento de maneira ativa. Ela argumenta que, através dos jogos, as crianças não apenas desenvolvem noções matemáticas, e até conceitos, como também desenvolvem a resolução de problemas, a cooperação e a comunicação, habilidades estruturantes para a futura aprendizagem de matemática a partir do ciclo de alfabetização.

A BNCC (BRASIL, 2018 p. 37) reconhece a importância das brincadeiras na Educação Infantil, considerando-as fundamentais para o desenvolvimento integral das crianças. O documento destaca que as brincadeiras devem ser planejadas de modo a promover interações, permitir a expressão de sentimentos e pensamentos e favorecer o desenvolvimento de uma ampla gama de habilidades, desde as motoras até as cognitivas e sociais.

Portanto, ao planejar atividades lúdicas para a Educação Infantil, é essencial que os(as) educadores(as) considerem a intencionalidade pedagógica. Segundo a BNCC, a intencionalidade pedagógica consiste na:

> [...] organização e proposição, pelo educador, de experiências que permitam às crianças conhecer a si e ao outro e de conhecer e compreender as relações com a natureza, com a cultura e com a produção científica, que se traduzem nas práticas de cuidados pessoais (alimentar-se, vestir-se, higienizar-se), nas brincadeiras, nas experimentações com materiais va-

riados, na aproximação com a literatura e no encontro com as pessoas. (BRASIL, 2018, p. 39)

O(a) educador(a) deve refletir, selecionar, organizar, planejar, mediar e monitorar as práticas e interações para promover o desenvolvimento pleno das crianças. É essencial acompanhar tanto as práticas quanto as aprendizagens, observando a trajetória individual e coletiva e registrando as conquistas e os avanços por meio de relatórios, portfólios, fotografias, desenhos e textos. Esses registros não devem classificar as crianças como "aptas" ou "não aptas", mas sim evidenciar a progressão delas, com o objetivo de reorganizar tempos, espaços e situações para garantir os direitos de aprendizagem de todas.

Além disso, jogos e brincadeiras devem ser escolhidos e estruturados de forma a promover, além do entretenimento, novos aprendizados. Quando planejadas de maneira intencional, essas atividades lúdicas fomentam um processo educativo eficaz, contribuindo para a formação de crianças críticas e criativas. Jogos e brincadeiras são excelentes recursos pedagógicos para o desenvolvimento integral das crianças.

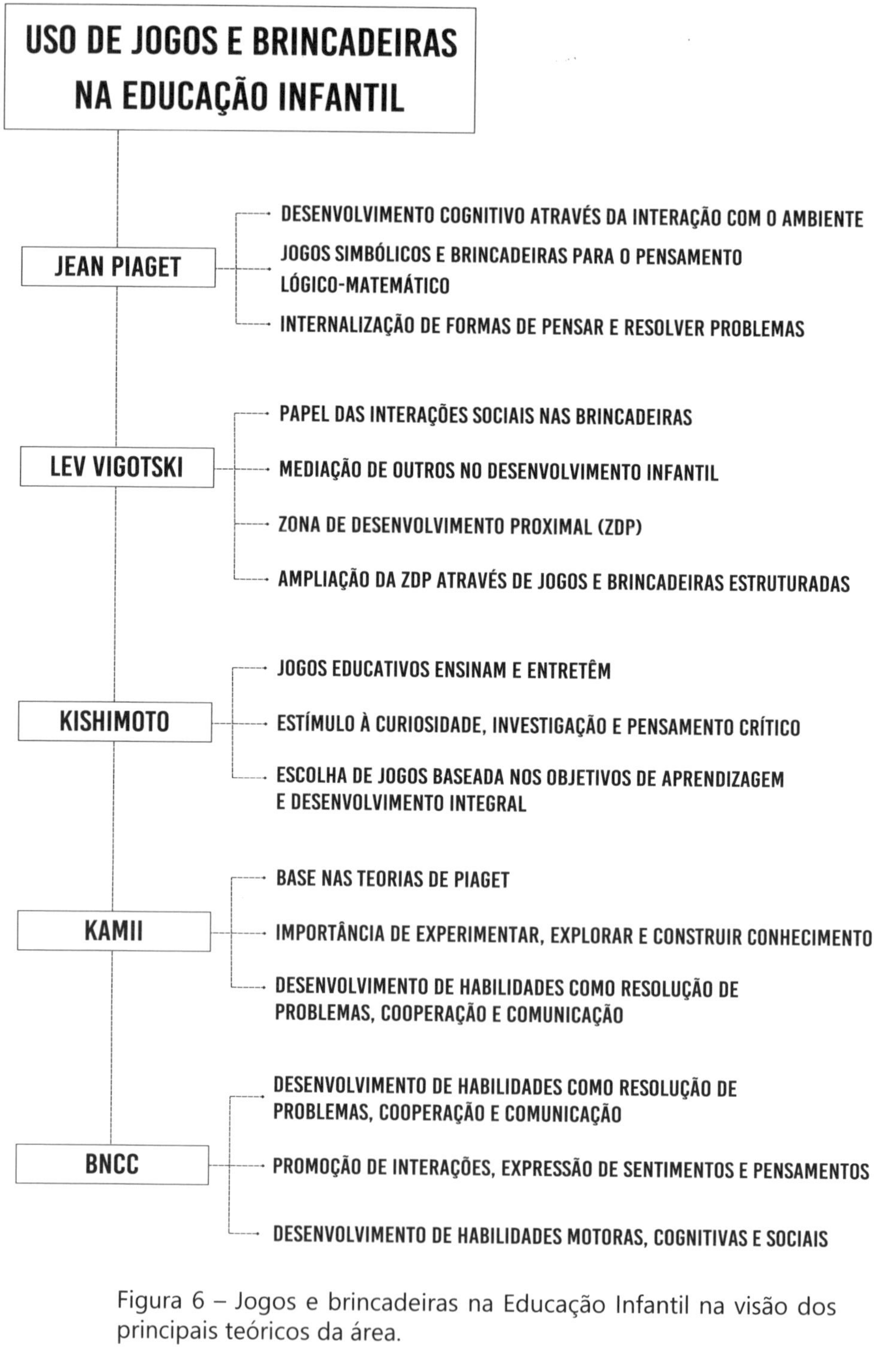

Figura 6 – Jogos e brincadeiras na Educação Infantil na visão dos principais teóricos da área.

BNCC EM AÇÃO: A IMPORTÂNCIA DOS JOGOS E DAS BRINCADEIRAS NA EDUCAÇÃO INFANTIL

A Educação Infantil conta com diretrizes fundamentais propostas pela BNCC, que destacam o brincar como um dos principais direitos de aprendizagem e desenvolvimento das crianças. O brincar é reconhecido não apenas como uma forma de entretenimento, mas como uma atividade essencial para o desenvolvimento integral das crianças, sendo um meio pelo qual elas exploram, descobrem e interagem com o mundo ao seu redor. Assim, a implementação de jogos e brincadeiras na prática pedagógica deve ser feita de maneira intencional e contextualizada, levando em consideração os interesses, as experiências prévias e as particularidades de cada grupo de crianças.

De acordo com essas diretrizes, as experiências de aprendizagem propostas na Educação Infantil devem promover o desenvolvimento das crianças em múltiplas dimensões: cognitiva, emocional, social e física. Os jogos e as brincadeiras assumem um papel central nesse processo, pois possibilitam a vivência de situações que estimulam a curiosidade, a criatividade e o raciocínio lógico. A proposta de um trabalho contextualizado significa que os(as) educadores(as) devem planejar suas ações para que façam sentido na vida das crianças, conectando os saberes tratados aos interesses e ao cotidiano. Essa premissa se alinha à ideia de Lino de Macedo, Ana Lúcia Sicoli Petty e Norimar Christe Passos (2007), que defendem que os jogos devem estar integrados à realidade da criança, proporcionando uma aprendizagem mais significativa.

A BNCC (BRASIL, 2018, p. 14-15) também reforça que o planejamento das propostas deve ser flexível e adaptável, priorizando que as crianças sejam protagonistas de seu desenvolvimento. Ao utilizar jogos e brincadeiras, o(a) professor(a) deve criar um ambiente que favoreça a autonomia e a participação ativa delas. Por exemplo, em um jogo de roda, no qual as crianças devem contar e se movimentar de acordo com a contagem, o(a) educador(a) pode estimular a exploração de diferentes maneiras de contar, como saltos, palmas ou passos. Essa flexibilidade enriquece a experiência de aprendizagem e valoriza as diferentes formas de expressão e participação das crianças. Macedo (2007) enfatiza a necessidade de proporcionar um espaço em que a criança tenha a oportunidade de ser ela mesma e de criar suas próprias regras e desafios nos jogos.

As interações durante as brincadeiras permitem que as crianças aprendam a socializar, a respeitar regras e a colaborar quando estão engajadas em jogos de grupo. Por exemplo, em um jogo de tabuleiro ou em uma brincadeira de faz de conta, elas têm a oportunidade de negociar, argumentar e desenvolver habilidades de comunicação. Essas interações são essenciais para o desenvolvimento de competências socioemocionais, como empatia, respeito e cooperação, que são fundamentais para a formação de relações saudáveis. Segundo Macedo (2007), o jogo deve ser um espaço de diálogo e de construção conjunta de saberes, no qual as crianças possam expressar suas opiniões e colaborar na resolução de conflitos.

Além disso, os jogos e as brincadeiras devem também contemplar a diversidade cultural e as experiências das crianças, promovendo o respeito às diferenças e a inclusão. As atividades podem ser planejadas de forma a integrar elementos da cultura local e das experiências cotidianas, como jogos tradicionais, danças e brincadeiras que reflitam a realidade de cada grupo. Ao fazer isso, o educador enriquece o repertório cultural das crianças e contribui para a valorização de suas identidades.

Outro ponto essencial a ser considerado na implementação de jogos e brincadeiras é a utilização de materiais diversos que incentivem a exploração e a criatividade. A BNCC (BRASIL, 2018) destaca que as experiências de aprendizagem devem ser ricas em estímulos concretos, permitindo que as crianças experimentem e descubram por meio da manipulação de objetos. Por exemplo, ao trabalhar com blocos de diferentes formas e tamanhos, as crianças podem criar suas próprias construções, desenvolvendo ideias matemáticas como classificação, seriação e geometria de forma lúdica e intuitiva.

O(a) educador(a) deve dar atenção à importância do acompanhamento contínuo e formativo durante as brincadeiras. A observação das interações e das aprendizagens permite identificar as necessidades e os avanços das crianças, possibilitando intervenções mais precisas e significativas. Esse olhar deve ser feito de maneira sensível, respeitando o ritmo e as particularidades de cada criança e sempre buscando oferecer devolutivas que contribuam para o seu desenvolvimento.

O uso dos espaços externos da escola também enriquece a exploração das crianças. A BNCC (BRASIL, 2018) reconhece que o ambiente escolar deve ser um lugar de aprendizado diverso e dinâmico. Áreas externas, como pátios e jardins, oferecem uma variedade de oportunidades para o desenvolvimento de jogos e brincadeiras de movimento, como corrida de saco ou jogos de perseguição, que promovem a coordenação motora e o trabalho em equipe. Levar as crianças para fora da sala de aula é fundamental, pois essa experiência enriquece a aprendizagem e permite que elas se relacionem de maneira mais direta com o meio ambiente e com os outros.

O uso de materiais naturais, como folhas, pedras e gravetos, nas atividades externas, promove a criatividade e a exploração. As crianças podem usar esses materiais para construir suas próprias estruturas ou criar jogos, o que estimula a imaginação e o pensamento crítico. Além disso, essas atividades oferecem a oportunidade de abordar temas relacionados à natureza, ao meio ambiente e à sustentabilidade.

A BNCC (BRASIL, 2018) destaca a necessidade de garantir um ambiente seguro e acolhedor para o brincar. Os espaços destinados às atividades lúdicas devem ser organizados de forma a estimular a exploração e a criatividade, oferecendo diferentes possibilidades de interação e aprendizagem. Isso inclui não apenas a sala de referência, mas também os espaços externos da escola, que podem ser utilizados para atividades ao ar livre, promovendo a saúde física e emocional das crianças.

Em resumo, a integração de jogos e brincadeiras na prática pedagógica, conforme orientações da BNCC (BRASIL, 2018, p. 38), deve ser intencional e contextualizada, respeitando os direitos de aprendizagem e desenvolvimento. O(a) professor(a) desempenha um papel crucial nesse processo, ao planejar propostas que estimulem a autonomia, as interações sociais e a valorização das experiências das crianças. Assim, a Educação Infantil se torna um espaço rico e significativo, em que as crianças têm a oportunidade de aprender de forma lúdica, integrando conhecimentos e habilidades essenciais para seu desenvolvimento integral.

METODOLOGIA NO USO DE JOGOS MATEMÁTICOS

A metodologia no uso de jogos matemáticos, conforme discutida por Katia Stocco Smole (2000), destaca a importância da aprendizagem ativa e envolvente, no qual a criança é protagonista do seu próprio processo. Ajustada ao contexto da Educação Infantil, essa metodologia proporciona um ambiente rico em experiências lúdicas e significativas, que facilitam a compreensão dos conceitos matemáticos.

Katia Smole é uma defensora da ideia de que os jogos matemáticos são uma ferramenta poderosa para desenvolver o pensamento lógico e matemático de maneira prazerosa e eficaz (SMOLE; DINIZ; CÂNDIDO, 2000). A autora enfatiza que, por meio dos jogos, as crianças exploram, experimentam, erram e aprendem em um ambiente seguro e motivador. Na Educação Infantil, essa abordagem é especialmente relevante, pois respeita as características e necessidades dessa faixa etária, promovendo um desenvolvimento cognitivo natural e espontâneo.

A seguir, elencamos as principais ideias das autoras Smole, Diniz e Cândido (2000) relacionadas ao uso intencional de jogos para o desenvolvimento do pensamento matemático:

1. Contextualização e significado:
Os jogos matemáticos devem estar inseridos em contextos que façam sentido para as crianças. Na Educação Infantil, isso significa utilizar situações do cotidiano e interesses das crianças como ponto de partida. Por exemplo, jogos que envolvam contagem de objetos, reconhecimento de formas geométricas em brinquedos ou classificação de cores podem ser relacionados a atividades familiares, como brincar com blocos de montar ou organizar brinquedos.

2. Interação e colaboração:
Um dos pilares da abordagem é a interação entre as crianças. Na Educação Infantil, jogos que incentivam a cooperação e a troca de ideias são fundamentais. Propostas a serem realizadas em pequenos grupos, nos quais as crianças precisam trabalhar juntas para resolver uma determinada situação ou completar uma tarefa, ajudam a desenvolver habilidades sociais e de comunicação, além de promover o desenvolvimento do pensamento matemático. Por exemplo, jogos de tabuleiro simples nos quais as crianças avançam casas ao resolverem pequenas contagens ou agrupamentos.

3. Desafios e problematização:
É importante propor desafios que estimulem o raciocínio lógico e crítico. Na Educação Infantil, esses desafios devem ser ajustados ao nível de desenvolvimento das crianças, oferecendo um grau de dificuldade que seja motivador, sem ser frustrante. Jogos que incentivam as crianças a

pensarem em diferentes estratégias para alcançar um objetivo, como jogos de encaixe ou quebra-cabeças, são exemplos práticos dessa abordagem.

4. Exploração e descoberta:
Essa metodologia valoriza a exploração e a descoberta como formas de desenvolver o pensamento matemático. Na Educação Infantil, isso pode ser implementado por meio de atividades lúdicas que permitam às crianças manipularem objetos, fazer experimentações e tirar suas próprias conclusões. Por exemplo, brincadeiras com areia ou água nas quais as crianças manipulam o quanto cabe em diferentes recipientes, qual é mais pesado; ou jogos de construção, para experimentar diferentes formas e tamanhos.

ANÁLISE DA SITUAÇÃO HIPOTÉTICA 2

Na situação hipotética descrita no início deste capítulo, o(a) professor(a) adotou uma abordagem tradicional para o uso de jogos e brincadeiras na Educação Infantil, na qual a autonomia das crianças é limitada e o foco está exclusivamente nos conhecimentos matemáticos. Apesar de utilizar jogos, a proposta se encerra em si mesma, sem promover um verdadeiro engajamento ou encantamento das crianças. Para entender por que essa abordagem não potencializa o uso dos jogos na aprendizagem, vamos explorar os seguintes pontos de atenção: (1) A limitação da autonomia das crianças; (2) O foco exclusivo no conhecimento matemático; e (3) A falta de integração dos eixos estruturantes da BNCC.

A limitação da autonomia das crianças:

Conforme destacado por Kamii (2023), a criança precisa interagir com o meio ambiente, de maneira autônoma, para que elabore suas relações – essenciais para o desenvolvimento pleno. Na abordagem tradicional descrita, as crianças são colocadas em uma posição passiva, na qual o(a) professor(a) conduz a proposta e as crianças apenas seguem instruções. Isso contradiz a premissa de que a aprendizagem significativa ocorre quando as crianças têm a oportunidade de explorar, experimentar e descobrir por si mesmas.

Ao selecionar um jogo para as crianças da Educação Infantil, uma das perguntas que deve ser feita é:

A proposta deste jogo estimula
a autonomia das crianças?

As crianças desenvolvem ideias matemáticas através da interação com o meio e da construção de relações (KAMII, 2023). Ao limitar a autonomia das crianças, na Situação Hipotética 2, o(a) professor(a) impede que elas façam essas descobertas de maneira natural e significativa. Quando as crianças têm autonomia nos jogos, elas têm a oportunidade de negociar regras e estratégias, o que promove não apenas o aprendizado matemático, mas também o desenvolvimento de habilidades sociais essenciais, como argumentação, ética e colaboração. Esse envolvimento ativo nas decisões e na condução do jogo estimula um engajamento mais profundo com os conceitos explorados, pois as crianças participam do processo de forma significativa, construindo o conhecimento de maneira mais duradoura e significativa.

O foco exclusivo no conhecimento matemático

Os jogos matemáticos devem ser contextualizados e significativos para as crianças, inseridos em contextos que façam sentido para elas (SMOLE, 2000). A abordagem tradicional apresentada na Situação Hipotética 2, no entanto, trata os jogos apenas como ferramentas para ensinar conceitos matemáticos, sem integrá-los ao cotidiano ou aos interesses das crianças. Isso pode resultar em uma experiência desmotivadora, na qual os jogos perdem seu caráter lúdico e encantador. A segunda pergunta que propomos para esta reflexão é:

A proposta do jogo será divertida,
contextualizada às crianças,
ou está focada apenas em ensinar
um conceito matemático?

Smole (2000) defende que a exploração de ideias matemáticas deve ser ampla e variada, incorporando diversos conhecimentos de maneira envolvente e curiosa, com os jogos sendo uma ferramenta essencial nesse processo. A abordagem tradicional, ao focar em atividades repetitivas e mecânicas, falha em despertar a curiosidade ou incentivar a exploração criativa das crianças, limitando seu potencial de aprendizagem.

A falta de integração dos eixos estruturantes da BNCC

A BNCC (BRASIL, 2018) enfatiza a importância das interações e da brincadeira como eixos estruturantes da Educação Infantil para que as crianças possam construir e se apropriar de conhecimentos através de suas ações e interações com os pares e adultos. A abordagem tradicional apresentada, no entanto, coloca as crianças em situações nas quais a interação entre pares é mínima ou inexistente.

A metodologia proposta por Smole (2000; SMOLE; DINIZ; CÂNDIDO, 2000) e a teoria de Kamii (2023) ressaltam a importância de um ambiente de aprendizagem colaborativo, no qual as crianças possam compartilhar ideias, discutir soluções e aprender umas com as outras. Ao não promover essas interações, o(a) professor(a) limita o potencial dos jogos como ferramentas de aprendizagem.

Portanto, ao analisar a proposta de um jogo, indague-se:

Ao jogarem, as crianças são capazes de se desenvolver entre si ou dependerão de mim o tempo todo?

Vamos, agora, refletir sobre outra forma de abordagem e uso intencional de jogos matemáticos:

COLOCANDO A MÃO NA MASSA: PROPOSTA PRÁTICO-REFLEXIVA

Contexto inicial:

A aprendizagem e o desenvolvimento das ideias matemáticas serão integrados ao campo de experiências "Corpo, gestos e movimentos". O objetivo é promover o protagonismo das crianças, proporcionando momentos de reflexão coletiva e a utilização de jogos significativos e contextualizados. O processo se desenrolará ao longo de várias etapas, cada uma delas cuidadosamente pensada para incentivar a interação, a brincadeira e a contextualização.

Objetivos de aprendizagem e desenvolvimento:

(EI02EO04) Comunicar-se com os colegas e os adultos, buscando compreendê-los e fazendo-se compreender.

(EI03EO04) Comunicar suas ideias e sentimentos a pessoas e grupos diversos.

(EI02ET07) Contar oralmente objetos, pessoas, livros etc., em contextos diversos.

(EI03ET07) Relacionar números às suas respectivas quantidades e identificar o antes, o depois e o entre em uma sequência.

(EI02ET08) Registrar com números a quantidade de crianças (meninas e meninos, presentes e ausentes) e a quantidade de objetos da mesma natureza (bonecas, bolas, livros etc.).

Etapa 1:
Introdução ao tema.

Objetivos específicos da proposta:
Apresentar o tema e despertar o interesse das crianças.

Proposta:
O(a) professor(a) leva a turma ao parque da escola e propõe a "Aventura dos números", explicando que, durante a semana, eles vão explorar o parque e descobrir números escondidos em diferentes lugares e contextos.

As crianças são incentivadas a falar sobre suas experiências no parque e a compartilhar onde já viram números (por exemplo, em placas, jogos de amarelinha etc.).

O(a) professor(a) utiliza um mapa do parque e marca com as crianças onde elas encontraram números, estabelecendo uma conexão visual com o ambiente.

Ele(a) inicia a proposta apresentando um grande mapa do parque para a turma. Conversa com as crianças sobre o parque, perguntando quem já brincou lá e o que elas mais gostam de fazer nesse espaço. Durante a conversa, menciona que há muitos números escondidos pelo lugar e que elas terão a missão de encontrá-los. As crianças começam a compartilhar suas próprias observações sobre os números que já viram. O(a) professor(a), então, explica que essa será uma proposta investigativa e divertida, na qual cada descoberta será compartilhada com os colegas. Ao marcarem no mapa, juntos, os lugares onde as crianças irão procurar, ele(a) cria um senso de expectativa e colaboração desde o início.

Etapa 2:
Exploração e descoberta.

Objetivo específico da proposta:
Estimular a curiosidade e a observação.

Proposta:
As crianças recebem pequenas lupas e cadernetas para anotarem os números que encontrarem no parque.

O(a) professor(a) organiza a turma em pequenos grupos, cada um com uma área específica do parque para explorar, incentivando a colaboração e a troca de informações entre eles.

Durante a exploração, ele(a) faz perguntas motivadoras como "quantos bancos encontramos nesta área?" ou "onde mais podemos procurar números?", estimulando o pensamento crítico e a observação detalhada.

O(a) professor(a) atribui a cada grupo uma área específica do parque. Orienta as crianças a trabalharem juntas, discutindo suas descobertas e ajudando umas às outras a encontrar números. Durante a exploração, ele(a) circula entre os grupos, incentivando as crianças a pensarem criticamente sobre onde os números podem estar escondidos com perguntas como "vocês já olharam embaixo do escorregador?" ou "será que há números nas árvores?". Essas perguntas ajudam as crianças a desenvolverem habilidades de observação e análise.

Etapa 3:
Registro e reflexão.

Objetivo específico da proposta:
Promover a reflexão coletiva e a sistematização das descobertas.

Proposta:
Os grupos apresentam os números que encontraram. O(a) professor(a) registra as descobertas de cada grupo em um mapa visual, facilitando a visualização coletiva.

Ele(a) guia uma conversa sobre (1) onde cada número foi encontrado, (2) quais números foram mais fáceis ou mais difíceis de achar e (3) o que esses números significam (por exemplo, número de lixeiras, número de árvores etc.).

As crianças desenham os locais onde encontraram os números e compartilham suas experiências com os colegas, promovendo a troca de conhecimentos.

Depois, o(a) professor(a) incentiva uma discussão sobre as dificuldades e facilidades encontradas durante a exploração, perguntando "qual foi o número mais difícil de encontrar?" e "por que vocês acham que esse número estava escondido lá?". Também ajuda as crianças a refletirem sobre o significado dos números, relacionando-os com objetos e locais específicos no parque. Elas desenham mapas individuais para sinalizar onde encontraram os números, usando diferentes cores e símbolos para representar suas descobertas. Esses desenhos são compartilhados e discutidos em grupo, promovendo uma reflexão coletiva sobre a atividade.

Etapa 4:
Jogos matemáticos com o corpo.

Objetivo específico da proposta:
Utilizar o corpo e o movimento para reforçar os conceitos matemáticos.

Proposta:
O(a) professor(a) organiza uma série de jogos que envolvem números e movimentos corporais, como um "Twister Numérico", em que as crianças precisam colocar mãos e pés em números específicos ditados por ele(a). Após explicar as regras, ele(a) mostra como cada número no tapete corresponde a um movimento específico. As crianças jogam em pequenos grupos, ajudando-se mutuamente a seguir as instruções e completar os movimentos.

Outro jogo é a "Corrida dos Números", em que as crianças correm até cones marcados com diferentes números e realizam pequenas tarefas relacionadas ao número (por exemplo, saltar três vezes, bater palmas cinco vezes). O(a) professor(a) faz perguntas após cada atividade, como "quantas vezes você pulou?", "que número é este?", para reconhecer e sistematizar a aprendizagem. Após cada jogo, ele(a) reúne as crianças para discutir a proposta, fazendo perguntas que incentivam a reflexão sobre os números e os movimentos realizados. Ele(a) utiliza essas discussões para desenvolver conhecimentos matemáticos de maneira divertida e envolvente.

Etapa 5:
Criação de jogos pelas crianças.

Objetivo específico da proposta:
Incentivar a criatividade e o protagonismo.

Proposta:
O(a) professor(a) desafia os grupos a criar seus próprios jogos para serem jogados no parque. Os grupos devem definir regras, listar materiais necessários e explicar como o jogo funcionará. O(a) professor(a) destaca a importância de serem criativos e colaborativos, dando a cada grupo um tempo para discutir e planejar seus jogos. Materiais como papel, canetinhas, cartões de números e dados gigantes são oferecidos para apoiar o processo. Os gru-

pos trabalham juntos para criar regras claras e desenhar os materiais necessários. Durante o processo, o(a) professor(a) circula entre os grupos, fazendo perguntas motivadoras e oferecendo sugestões para melhorar os jogos.

Os grupos, então, apresentam suas ideias para a turma, explicando como seus jogos funcionam. As crianças recebem uma devolutiva dos colegas e do(a) professor(a), que guia a conversa com perguntas como: "Como podemos tornar esse jogo mais divertido?" e "Todos os colegas poderão participar desse jogo?".

O(a) professor(a) auxilia os grupos na confecção de materiais necessários para os jogos, como cartões de números, dados gigantes e pistas de corrida.

Etapa 6:
Teste dos jogos criados.

Objetivos específicos da proposta:
Colocar em prática as ideias e promover a colaboração.

Proposta:
A turma volta ao parque para testar os jogos criados. Cada grupo se torna responsável por organizar e liderar sua sessão, ensinando o jogo aos demais e garantindo que todos possam participar e aprender com as diferentes propostas.

O(a) professor(a) observa e faz anotações sobre a participação, o engajamento e a compreensão das crianças, oferecendo suporte quando necessário.

As crianças jogam em diferentes grupos, experimentando todos os jogos criados. Após cada jogo, ele(a) reúne as crianças para uma conversa de devolutiva, em que cada grupo recebe comentários dos colegas sobre o que funcionou bem e o que poderia ser melhorado. Essa etapa é crucial para desenvolver habilidades de comunicação e colaboração, além de reforçar a compreensão dos conceitos tratados de forma prática e divertida.

Etapa 7:
Reflexão e melhoria dos jogos.

Objetivo específico da proposta:
Promover a análise crítica e a melhoria contínua.

Proposta:
Na sala de referência, o(a) professor(a) organiza uma roda de conversa em que cada grupo reflete sobre a experiência de testar seus jogos: o que funcionou bem? O que poderia ser melhorado? Ele(a) faz perguntas direcionadas, como "qual foi a parte mais divertida do seu jogo?" e "como podemos tornar o jogo mais justo para todos?". Os grupos discutem suas respostas e propõem melhorias, fazendo ajustes nas regras e nos materiais dos jogos.

As crianças ajustam seus jogos com base nas devolutivas recebidas, discutindo as mudanças necessárias e testando novamente, se possível.

O(a) professor(a) utiliza exemplos concretos para ilustrar como pequenas mudanças podem melhorar a experiência do jogo, incentivando o pensamento crítico e a resolução de problemas, tais como pedir às crianças que testem as alterações no jogo que sugeriram.

Etapa 8:
Compartilhamento com a comunidade escolar

Objetivos específicos da proposta:
Valorizar o trabalho das crianças e envolver a comunidade escolar.

Proposta:
O(a) professor(a) organiza um "Dia dos jogos", no parque, para as crianças apresentarem seus jogos para outras turmas e para seus familiares ou responsáveis.

A partir de um cronograma, cada grupo tem um tempo para apresentar seu jogo e orientar os visitantes. As crianças assumem a responsabilidade de explicar as regras e garantir que todos entendam como jogar. Cada grupo promove uma interação rica e significativa entre todos os participantes.

O(a) professor(a) faz registros em vídeo e fotos dos jogos, criando um portfólio que as crianças podem compartilhar com a comunidade escolar, valorizando suas criações e descobertas. Este portfólio celebra o trabalho e as conquistas das crianças, valorizando seu protagonismo e criatividade. O evento também oferece uma oportunidade para as crianças demonstrarem suas habilidades de liderança e comunicação, além de fortalecer o vínculo entre a escola e a comunidade.

Essa outra forma de abordagem apresentada exemplifica como o uso intencional de jogos e brincadeiras pode transformar o desenvolvimento do pensamento matemático na Educação Infantil. Ao privilegiar o protagonismo das crianças, promover momentos de reflexão coletiva e contextualizar os jogos em situações significativas, o(a) professor(a) cria um ambiente de aprendizagem ativo e envolvente. As crianças não apenas desenvolvem o pensamento acerca de conceitos matemáticos, mas também tratam de habilidades sociais, motoras e cognitivas, tornando o processo de aprendizagem mais rico e integrado ao seu cotidiano.

CAPÍTULO 3

CONTAÇÃO DE HISTÓRIAS E MATEMÁTICA

À primeira vista, é comum observar e ouvir relatos em contextos escolares sobre os desafios de integrar matemática à contação de histórias. Embora o uso de narrativas possa inicialmente parecer inusitado para desenvolver o pensamento matemático, através de análise crítica e escolhas literárias com intencionalidade, mostraremos como essa prática pode ser uma potente aliada para o desenvolvimento de ideias matemáticas. A partir desse caso, apuraremos o olhar com uma proposta prático-reflexiva para a integração entre a literatura e o desenvolvimento do pensamento matemático.

SITUAÇÃO HIPOTÉTICA 3

Em sala, o(a) professor(a) adotou uma abordagem para tratar de conceitos matemáticos utilizando e integrando obras de literatura.

Ele(a) escolheu o livro *Contando estrelas*[2] para a atividade da semana.

O(a) professor(a) apresentou o livro para a turma, explicando que ouviriam uma história e depois realizariam algumas atividades relacionadas a números. O livro, ao longo de suas páginas, mostrava números de maneira isolada e descontextualizada com a narrativa. Por exemplo, em uma página aparecia uma personagem olhando para o céu e, na página seguinte, surgia uma ilustração de cinco estrelas com a legenda "5 estrelas no céu". O(a) professor(a) iniciou mostrando a capa do livro e lendo o título em voz alta. As crianças ficaram curiosas, mas logo na introdução da leitura o(a) professor(a) percebeu que o texto e as ilustrações não tinham coesão. A narrativa era simplista e os números apareciam de maneira abrupta, sem relação com a história.

O(a) professor(a) leu o livro em voz alta para as crianças, mostrando as ilustrações e os números conforme apareciam na história. Ele(a) tentou envolver as crianças, perguntando "quantas estrelas vocês veem na página?" ou "qual é o número que aparece aqui?" para fazer uma relação com as ideias matemáticas. No entanto, a falta de uma narrativa envolvente dificultava esse objetivo. A tentativa de associar números às ilustrações não se traduzia em uma compreensão mais profunda dada a forma superficial e desconexa com que os números eram apresentados.

2. Livro fictício.

Após a leitura, o(a) professor(a) promoveu uma conversa sobre o livro, perguntando às crianças o que acharam da história e dos números: "o que vocês acharam da história?", "quantas estrelas vocês lembram de ter visto?". As respostas das crianças eram vagas e pouco engajadas, muitas vezes mencionando apenas os números que lembravam, sem entender a relevância deles na narrativa, refletindo sua falta de envolvimento com a história.

Em seguida, o(a) professor(a) entregou folhas de atividades, nas quais as crianças deveriam colorir o número correspondente às estrelas mostradas no livro. A proposta consistia em desenhar e contar estrelas, sem contexto adicional ou desafio cognitivo. As crianças realizaram a proposta de forma automática, sem necessidade de raciocínio ou exploração.

A literatura desempenha um papel fundamental na Educação Infantil, proporcionando às crianças uma ampla gama de benefícios, que vão além da diversão e da história que cada livro propõe. Ela auxilia desde o desenvolvimento da linguagem, da leitura, da imaginação, da criatividade até a formação de valores. O livro é uma ferramenta poderosa para o desenvolvimento integral das crianças.

Um dos muitos benefícios da literatura na Educação Infantil está relacionado à linguagem. Ao ouvir histórias, as crianças são expostas a novas palavras, estruturas textuais e estilos de comunicação. Esse contato precoce com a literatura enriquece seu vocabulário, melhora sua compreensão e inicia o letramento de leitor e de escriba. Segundo Emilia Ferreiro (2018), o processo de alfabetização começa muito antes da escola e do registro escrito, e a literatura infantil é um dos principais meios de familiarização com o código.

Ademais, a literatura estimula a imaginação e a criatividade das crianças. As histórias transportam os pequenos para mundos diversos, permitindo-lhes explorar novas realidades e possibilidades. Através da imaginação, as crianças desenvolvem a capacidade de pensar de forma criativa e inovadora, resolvendo problemas e se adaptando a novas situações, o que é essencial para o pensamento matemático desde a mais precoce idade.

Sua presença transcende a simples introdução de conceitos numéricos ou de contagem. Ela colabora com a promoção de habilidades cognitivas mais amplas, como aquelas que são usadas na resolução de problemas –, por exemplo, a argumentação, a generalização e o desenvolvimento de diferentes estratégias. Estas ações são importantes para o pensamento matemático e podem ser potencializadas de maneira eficaz por meio de narrativas literárias.

Obras literárias proporcionam contexto para que as crianças confrontem e resolvam situações-problema. Ao se envolverem com histórias que apresentam desafios enfrentados pelos personagens, as crianças são incentivadas a pensar criticamente sobre as diversas soluções possíveis. Por exemplo, um livro no qual um personagem encontra uma situação em que precisa decidir o melhor caminho a seguir; ou discutir tamanho e organização de objetos (do maior para o menor ou vice-versa); que aborde a contagem ou o pensamento aditivo de maneira contextualizada; as crianças podem discutir e explorar diferentes maneiras de resolver a situação-problema proposta. Essa discussão não deve seguir para o uso de contas matemáticas para sua resolução, mas sim promover a reflexão e o desenvolvimento de estratégias variadas, pois o algoritmo será abordado nos Anos Iniciais do Ensino Fundamental.

A literatura oferece um ambiente propício para a exploração de situações-problema. As crianças são expostas a situações em um contexto narrativo, estando mais propensas a engajar-se de maneira profunda e a aplicar o raciocínio lógico de forma criativa. Esse engajamento é fundamental, pois permite que as crianças experimentem e testem suas próprias hipóteses em um ambiente seguro e familiar. Além disso, a narrativa literária oferece a oportunidade delas se contextualizarem situações-problema de maneira significativa, tornando-as mais relevantes e interessantes a elas.

A capacidade de argumentação, fundamental no desenvolvimento do pensamento matemático, também é estimulada pela literatura infantil. Durante a leitura de histórias, as crianças frequentemente são incentivadas a argumentar, explicando suas ideias e raciocínios. Ao discutir por que um personagem escolheu determinada solução ou como outra abordagem poderia ter sido melhor ou pior para a questão em pauta, as crianças praticam a articulação de seus pensamentos e a justificar suas escolhas. Tal prática é crucial para o seu desenvolvimento, pois as ajuda a organizarem o raciocínio e a comunicarem suas ideias de forma clara e lógica.

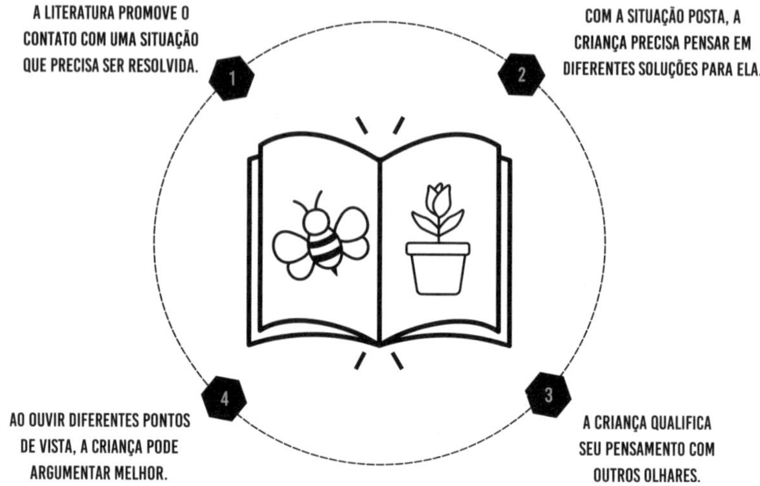

Figura 7 – Exemplificação de como a literatura infantil contribui para o desenvolvimento do pensamento crítico e da argumentação nas crianças.

Um bom exemplo da presença da literatura para estimular o pensamento matemático está na história clássica *Cachinhos dourados e os três ursos*[3]. Ao discutirem as decisões da protagonista, como a de escolher a cama que é "apenas certa", as crianças podem explorar conceitos de comparação e adequação, justificando suas preferências com base em evidências da história. Essa prática de argumentação, baseada em evidências narrativas, espelha a necessidade de justificar soluções em diferentes contextos, dentre eles os matemáticos, e desenvolve, de maneira lúdica, as crianças para futuros desafios mais complexos.

Além disso, a literatura infantil promove a possibilidade de generalização, que é a capacidade de se aplicar

3. Esta história foi registrada por Robert Southey em 1837 e, ao longo dos séculos, vem acumulando inúmeras versões. Aqui, não nos referimos a uma edição específica.

uma ideia ou estratégia aprendida em determinada situação a outras semelhantes. Ao ler diferentes histórias que apresentam situações similares, mas variadas, as crianças começam a perceber padrões e a identificar estratégias que podem ser replicadas em diferentes contextos. Por exemplo, se uma personagem resolve a situação proposta no livro ouvindo diferentes pontos de vista, as crianças podem aprender a usar essa estratégia em outras situações que encontrarem. A habilidade de generalização é fundamental para a compreensão e desenvolvimento de conceitos matemáticos em uma ampla gama de situações.

Figura 8 – Representação do processo que ocorre no aprendizado de novas situações.

Segundo Howard Gardner (1995), a literatura infantil pode ser uma ferramenta poderosa para ajudar as crianças a desenvolverem múltiplas inteligências, incluindo a inteligência lógico-matemática. Quando os personagens de histórias lidas e ouvidas enfrentam dilemas, as crianças são incentivadas a pensar de maneira analítica e a aplicar ideias lógicas a contextos variados. Essa abordagem integrada promove um desenvolvimento do pensamento mais profundo e versátil, que extrapola o trabalho de simples memorização de números e de algoritmos.

A literatura infantil também encoraja o desenvolvimento de estratégias, componente vital do pensamento matemático. Ao se enredarem em histórias que envolvem diferentes tipos de problemas, as crianças são incentivadas a pensar sobre abordagens possíveis para solucioná-los e a escolher a mais eficaz delas. Esse processo de seleção de estratégias as ajuda a começarem a desenvolver uma abordagem metacognitiva para a resolução de situações-problema, segundo a qual elas estão conscientes de seus próprios processos de pensamento e podem adaptar suas estratégias conforme necessário. Segundo Vigotski (2007), a interação social e a linguagem desempenham um papel central no desenvolvimento cognitivo. Através da discussão e da reflexão sobre histórias lidas e ouvidas, as crianças aprendem a pensar de forma estratégica e a aplicar essas estratégias em diferentes contextos.

Aprofundando

Metacognição é a capacidade de refletir sobre o próprio pensamento e os processos cognitivos. Trata-se de trazer, para o nível da consciência, como se aprendeu determinada coisa, pensar sobre as estratégias que foram utilizadas para resolver uma determinada situação, monitorar o próprio progresso e fazer ajustes se necessário. Em outras palavras, é "pensar sobre o pensar" e envolve a regulação e o controle das atividades cognitivas para melhorar a aprendizagem e a resolução de problemas.

Ao ler uma história como *Os três porquinhos*[4], outro clássico da literatura, as crianças podem discutir e analisar as diferentes estratégias utilizadas pelos porquinhos para construir suas casas. Esse movimento de reflexão sobre as escolhas dos personagens pode ser transposto para outros momentos com a turma, encorajando as crianças a pensarem sobre a eficácia de diferentes escolhas na resolução de outras situações. Tal abordagem não só reforça o entendimento conceitual, como também promove uma oportunidade para adaptarem e inovarem, sendo base para o pensamento matemático criativo.

Na perspectiva do desenvolvimento da aprendizagem, as histórias literárias podem ser eficazes na promoção da assimilação e a acomodação, processos fundamentais na teoria do desenvolvimento cognitivo, assim como abordado no primeiro capítulo. Ao se depararem com novas situações e problemas, as crianças são desafiadas a integrar novas informações a seu conhecimento prévio, ajustando seus esquemas mentais para acomodar novas ideias e estratégias. Essa dinâmica de aprendizagem ativa e contínua é essencial para o desenvolvimento de um pensamento matemático robusto e flexível.

4. A história *Os três porquinhos* é uma história tradicional com diversas versões. Aqui, não nos referimos a uma edição específica.

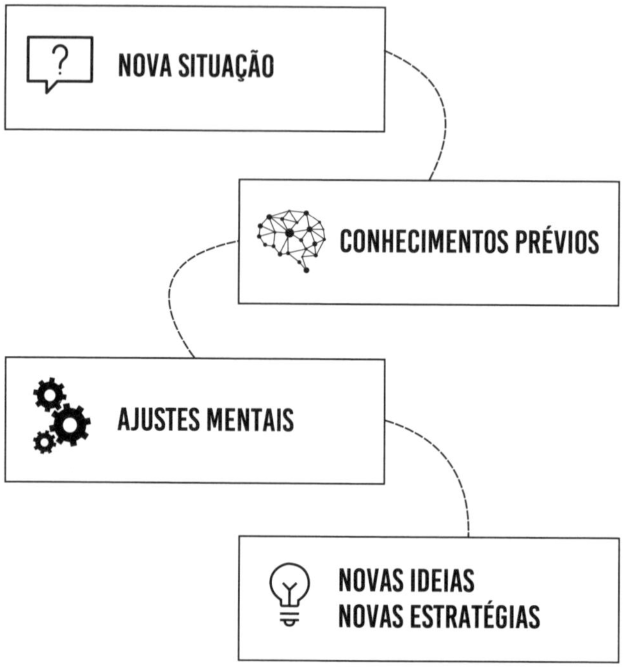

Figura 9 – O caminho da assimilação e da acomodação a partir de novas situações.

Ao fornecer um contexto narrativo rico e envolvente, a literatura permite que as crianças explorem e pratiquem habilidades matemáticas de maneira significativa e natural. Esta abordagem não apenas facilita a compreensão de conceitos matemáticos, mas também promove o desenvolvimento de habilidades cognitivas essenciais, como a resolução de problemas, a argumentação, a generalização e o desenvolvimento de estratégias. Através da literatura, as crianças podem ver a matemática como uma parte integral e relevante de suas vidas, enriquecendo seu aprendizado e promovendo um sentimento positivo e duradouro pelo conhecimento.

A LITERATURA E O LETRAMENTO MATEMÁTICO

Para muitas pessoas, incluindo educadores(as), os conhecimentos matemáticos são frequentemente associados, de forma direta e exclusiva, aos números e às operações algébricas. Essa percepção, no entanto, limita a compreensão do que realmente constitui o pensamento matemático, especialmente na Educação Infantil. É fundamental entender que esta área do conhecimento vai muito além dos números; ela envolve a capacidade de raciocinar logicamente, de identificar padrões, de resolver situações-problema e de desenvolver estratégias de maneira criativa e crítica. Para as crianças muito pequenas e pequenas, o foco não está, e nem deve estar, em ensinar-lhes álgebra ou alfabetizá-las matematicamente, mas sim em desenvolver o letramento do pensamento matemático, que é a base para todas as futuras aprendizagens matemáticas.

O letramento do pensamento matemático refere-se à habilidade das crianças de compreender e utilizar ideias matemáticas de forma intuitiva e contextualizada, mesmo antes de terem contato com um conhecimento matemático formal. É nesse sentido que a seleção de boas obras literárias desempenha um papel crucial. Livros que estimulam o pensamento lógico-matemático não precisam, necessariamente, apresentar números ou situações-problema explícitas. Pelo contrário, eles podem envolver histórias que incentivem as crianças a pensarem de forma lógica, a fazer inferências, a identificar padrões ou a considerar diferentes possibilidades.

Por exemplo, um livro que conta a história de um grupo de animais organizando uma festa pode ser uma excelente ferramenta para desenvolver o pensamento matemático. Sem mencionar explicitamente números, a narrativa pode levar as crianças a refletirem sobre questões como: a organização espacial, a sequência de eventos, a comparação de quantidades e a classificação dos objetos que serão usados na festa. Esses são conhecimentos que as crianças desenvolvem ao interagir com a história, sem que haja a necessidade de apresentar números ou operações matemáticas formais.

A escolha de livros que favoreçam o desenvolvimento do pensamento lógico-matemático também permite que as crianças explorem diferentes estratégias para resolver problemas e tomar decisões. Por exemplo, uma história que envolva um personagem em um dilema – como escolher o caminho certo em um labirinto ou decidir qual é a melhor maneira de dividir um bolo entre amigos – pode incentivar as crianças a pensar sobre diferentes soluções possíveis e a argumentar suas escolhas. Esse processo de reflexão e argumentação é fundamental para o desenvolvimento do raciocínio matemático, pois ensina as crianças a avaliar possibilidades, a considerar consequências e a justificar suas decisões.

Este desenvolvimento também está intimamente ligado à capacidade das crianças se comunicarem sobre suas ideias e descobertas. Livros que estimulam a conversa e a troca de ideias entre as crianças são valiosos para esse propósito. Uma história que termina propositalmente com uma pergunta aberta, por exemplo, pode incentivar as crianças a discutirem, em grupo, suas interpretações e soluções para o problema apresentado. E, mesmo que o livro não tenha, tal questionamento pode ser proposto pelo(a) docente. Essa prática não só reforça o pensamento matemático, mas também promove habilidades sociais importantes, como a escuta ativa, o respeito pelas ideias dos outros e a capacidade de expressar-se de forma clara e articulada.

Ao fazer as propostas de leitura para a Educação Infantil, é essencial que sejam selecionadas obras literárias que, mesmo sem a presença explícita de números, proporcionem oportunidades ricas para o desenvolvimento do pensamento lógico-matemático. O foco deve estar em criar um ambiente em que as crianças possam explorar, questionar e experimentar diferentes formas de pensar, utilizando a literatura como um ponto de partida para essas descobertas.

A IMPORTÂNCIA DA LITERATURA E A BNCC

A literatura desempenha um papel essencial na Educação Infantil e a BNCC reconhece sua importância ao abordar os direitos de aprendizagem e desenvolvimento das crianças. Por meio da literatura, as crianças têm a oportunidade de explorar diferentes mundos, culturas e emoções, contribuindo para sua formação como indivíduos críticos e reflexivos.

De acordo com a BNCC (BRASIL, 2018, p. 14-15), as experiências de aprendizagem na Educação Infantil devem respeitar o tempo, o ritmo e as singularidades de cada criança, garantindo que elas tenham acesso a uma educação que promova o desenvolvimento em múltiplas dimensões. A literatura, quando utilizada de forma intencional e contextualizada, permite que elas se conectem com narrativas que dialogam com suas experiências de vida, interesses e realidades. Dessa forma, as propostas pedagógicas devem ser planejadas para incluir obras que abordem temas relevantes e que sejam significativas para o grupo, promovendo uma experiência de aprendizagem que faça sentido a elas.

Além disso, a BNCC (BRASIL, 2018, p. 42-43) enfatiza a importância do desenvolvimento da linguagem oral e o interesse pela linguagem escrita desde a Educação Infantil, sendo a literatura um recurso poderoso para isso. Por meio da leitura compartilhada, as crianças têm a oportunidade de ouvir e experimentar diferentes ritmos, sonoridades e estruturas da língua, ampliando seu vocabulário e sua capacidade de expressão. Além disso, as histórias podem ser usadas como ponto de partida para discussões em grupo, nas quais podem compartilhar suas interpretações, fazer conexões com suas próprias vidas e desenvolver habilidades de argumentação e comunicação. Assim, a literatura se torna um espaço de diálogo e construção coletiva de saberes, permitindo que as crianças expressem suas ideias e seus sentimentos.

Um aspecto interessante a se considerar é a variedade de gêneros literários que podem ser utilizados na Educação Infantil. Contos de fadas, fábulas, poesias, histórias em quadrinhos e narrativas contemporâneas podem ser explorados para abordar diferentes formas de contar histórias, estimular a criatividade e a imaginação das crianças. Os(as) educadores(as) devem selecionar obras que sejam do interesse das crianças e também apresentem diferentes culturas, estilos e experiências. Isso não só enriquece seu repertório cultural, como também promove uma compreensão mais ampla e diversificada do mundo em que vivem. Bruno Bettelheim, em seu livro *A psicanálise dos contos de fadas* (2021), e Diana e Mário Corso, em seu livro *Fadas no divã* (2006), argumentam que os contos de fadas ajudam as crianças a lidarem com seus medos e ansiedades, proporcionando um espaço seguro para enfrentarem seus desafios internos.

A literatura também pode ser integrada a atividades lúdicas que estimulem a interação e a criatividade, como dramatizações, jogos de perguntas e respostas e atividades artísticas relacionadas às histórias lidas. Por exemplo, após a leitura de um livro, as crianças podem ser convidadas a criar suas próprias versões da história, desenhar cenas ou personagens ou, até mesmo, criar fantoches para encenar a narrativa. Essas propostas permitem que as crianças expressem suas interpretações, desenvolvam suas habilidades motoras finas e colaborem em equipe, promovendo a socialização e a construção de vínculos afetivos.

Ainda, a BNCC (BRASIL, 2018) destaca a importância de garantir que a Educação Infantil ocorra em um ambiente diversificado e estimulante, o que inclui a exploração de espaços externos à sala de aula. O contato com a natureza e a utilização de áreas ao ar livre, como parques e jardins, podem ser integrados à experiência literária. Ler e contar histórias nesses espaços pode criar um contexto rico em estímulos sensoriais, tornando a experiência mais viva e impactante. As crianças podem, por exemplo, explorar a natureza e usar elementos do ambiente para criar narrativas inspiradas em suas observações. Essa abordagem não apenas enriquece a experiência literária, mas também permite que as crianças se conectem com o mundo ao seu redor de forma mais profunda.

No contexto do desemparedamento da infância, abordado pelas autoras Horn e Barbosa (2022), é fundamental que os(as) educadores(as) busquem romper as barreiras do ambiente fechado e busquem trazer a natureza e o espaço externo para o cotidiano das crianças. As histórias podem ser utilizadas como um recurso para criar desafios que envolvam o ambiente externo, incentivando as crianças a observar, explorar e criar. Por exemplo, após a leitura de um conto sobre animais, elas podem ser convidadas a uma caça ao tesouro no pátio da escola, procurando elementos da natureza que se relacionem com a história. Esse tipo de proposta promove a curiosidade, a exploração e a vivência prática dos conteúdos literários.

Em suma, a literatura na Educação Infantil, conforme proposto pela BNCC, deve estar presente no cotidiano da creche e da pré-escola de forma intencional e contextualizada, respeitando as particularidades de cada grupo e promovendo a construção de saberes significativos. O papel do(a) professor(a) é fundamental nesse processo, ao planejar propostas que estimulem a curiosidade, a criatividade e a reflexão. A literatura não só enriquece a experiência de aprendizagem, mas também contribui para o desenvolvimento integral das crianças, preparando-as para serem indivíduos críticos, criativos e sensíveis ao mundo que as cerca. Portanto, ao integrar a literatura em diversos contextos e espaços, os(as) educadores(as) promovem uma educação mais rica e envolvente, favorecendo o aprendizado significativo e integral.

ANÁLISE DA SITUAÇÃO HIPOTÉTICA 3

Com base na análise da importância da literatura para o desenvolvimento do pensamento matemático nas crianças, podemos identificar pontos de atenção na atuação do(a) professor(a) da Situação Hipotética 3. Destacamos os seguintes aspectos: (1) a seleção do livro de literatura; (2) a integração dos conceitos matemáticos à narrativa; (3) a exploração de habilidades matemáticas para além da contagem; e (4) o fomento à curiosidade e ao pensamento crítico.

A SELEÇÃO DO LIVRO DE LITERATURA:

A escolha de um livro de baixa qualidade literária, que aborda conceitos matemáticos de forma descontextualizada e sem profundidade, limita as oportunidades de aprendizagem significativa. A seleção de obras literárias adequadas é crucial para o desenvolvimento cognitivo e emocional em todas as etapas da vida, pois livros que incorporam contextos ricos e envolventes permitem que conceitos importantes, incluindo aqueles de natureza matemática, sejam explorados de forma espontânea e integrada à narrativa. A literatura infantil pode ser um poderoso recurso pedagógico quando utilizada com critérios que valorizem a qualidade do texto e a relevância dos conteúdos abordados.

No momento da seleção da obra literária, o(a) educador(a) deve se perguntar:

É uma obra de qualidade que estou oferecendo às crianças?

Considerando a faixa etária das crianças da Educação Infantil, não é necessário, nem tampouco desejável, que uma obra literária aborde, explícita e artificialmente, conceitos matemáticos em sua história. O fundamental é que a seleção seja feita pela qualidade técnica e pedagógica, tornando possível uma discussão com as crianças de conceitos que sejam contextualizados e compreensíveis aos pequenos.

A integração dos conceitos matemáticos à narrativa

Na Situação Hipotética 3, a narrativa do livro não foi utilizada para promover a resolução de situações-problema ou a argumentação entre as crianças. Os conceitos matemáticos foram apresentados de forma isolada, sem conexão significativa com a história. É essencial utilizar livros nos quais a resolução esteja integrada à trama, incentivando as crianças a pensarem criticamente sobre as ações dos personagens e a justificarem suas próprias ideias e estratégias. É fundamental haver contextos que promovam a interação e o pensamento crítico para a construção do conhecimento matemático. A pergunta, neste momento, deve ser:

A obra literária selecionada promove momentos de reflexão com e entre as crianças?

É importante criar propostas que permitam às crianças interagirem com a história, discutirem entre si e desenvolverem suas próprias estratégias e soluções. Por exemplo, após a leitura, é preciso promover debates nos quais elas possam argumentar sobre as decisões dos personagens e propor alternativas.

A EXPLORAÇÃO DE HABILIDADES MATEMÁTICAS PARA ALÉM DA CONTAGEM

No caso hipotético relatado, as crianças foram colocadas em uma posição passiva, apenas ouvindo a leitura do(a) professor(a) e respondendo às suas perguntas fechadas sobre conceitos matemáticos, sem oportunidade de interação ou exploração ativa. Para que a aprendizagem de crianças seja efetiva, é necessário criar propostas que permitam a elas interagirem com a história, discutirem entre si e desenvolverem suas próprias estratégias e soluções. De acordo com Vigotski (2018), a aprendizagem é um processo social e interativo e as crianças aprendem de maneira mais eficaz quando ativamente envolvidas nesse processo.

A abordagem relatada na Situação Hipotética 3 limitou-se a conceitos básicos de contagem e numeração, sem explorar outras possibilidades matemáticas, como a resolução de uma situação, a observação de padrões, o reconhecimento de formas ou a comparação de grandezas, além da argumentação e generalização. Planejar momentos que incentivem as crianças a aplicarem ideias matemáticas de forma ampla é fundamental. É possível utilizar situações da história para explorar comparações, medições, padrões e classificações e para fomentar a argumentação e a generalização. A educação deve desenvolver a capacidade de pensar de maneira crítica e criativa, aplicando conhecimentos em diversos contextos.

Por este motivo, ao selecionar uma obra literária, o(a) educador(a) deve se indagar:

Quais perguntas posso promover às crianças para que possam refletir sobre a obra em toda sua complexidade?

Como por sua potente possibilidade, é fundamental relacionar os desafios encontrados pelos personagens do livro com experiências reais das crianças, promovendo uma compreensão mais profunda e significativa das ideias matemáticas envolvidas na história. Trata-se de incentivar as crianças a identificarem saberes matemáticos como parte integrante de suas vidas diárias.

O fomento à curiosidade e ao pensamento crítico

A atividade relatada na Situação Hipotética 3 não contextualizou o pensamento matemático no cotidiano das crianças, deixando de mostrar a relevância desse conhecimento em situações diárias. Relacionar os desafios encontrados pelos personagens do livro com experiências reais das crianças promove uma compreensão mais profunda e significativa dos conceitos esperados. Segundo Piaget (2013), a aprendizagem ocorre quando o novo conhecimento é integrado aos esquemas mentais preexistentes das crianças, o que é facilitado quando os conceitos são contextualizados em situações familiares.

Além disso, a proposta não incentivou a curiosidade ou o pensamento crítico das crianças, nem promoveu a exploração independente ou a criatividade na resolução de problemas. Estimular a curiosidade das crianças, propondo-lhes perguntas abertas e desafiadoras e encorajando-as a explorar diferentes possibilidades e soluções, é essencial para nutrir o pensamento matemático.

Aqui, é importante refletir:

Como posso utilizar a obra literária para promover momentos de curiosidade para o desenvolvimento do pensamento matemático?

Muito longe de haver uma receita, é seguro indicar algumas possibilidades de abordagem: estimular a curiosidade das crianças fazendo-lhes perguntas abertas e desafiadoras; encorajá-las a explorar diferentes possibilidades e soluções; propor momentos em que possam experimentar, testar hipóteses e aprender com seus erros e sucessos são algumas possibilidades.

Com base nas reflexões apresentadas, vamos observar outras possibilidades do uso da literatura para o desenvolvimento do pensamento matemático:

COLOCANDO A MÃO NA MASSA: PROPOSTA PRÁTICO-REFLEXIVA

Contexto inicial:

O(a) professor(a) planejou uma sequência de propostas ao longo de várias aulas, utilizando a literatura infantil como um recurso central para promover o desenvolvimento do pensamento matemático, com foco no campo de experiências "Escuta, fala, pensamento e imaginação". O objetivo é ampliar o olhar do pensamento matemático para outros campos de experiência, além do "Espaços, tempos, quantidades, relações e transformações".

Objetivos de aprendizagem e desenvolvimento:

(EI02EO04) Comunicar-se com os colegas e os adultos, buscando compreendê-los e fazendo-se compreender.

(EI03EO04) Comunicar suas ideias e sentimentos a pessoas e grupos diversos.

(EI02EF01) Dialogar com crianças e adultos, expressando seus desejos, necessidades, sentimentos e opiniões.

(EI03EF01) Expressar ideias, desejos e sentimentos sobre suas vivências, por meio da linguagem oral e escrita (escrita espontânea), de fotos, desenhos e outras formas de expressão.

(EI02EF03) Demonstrar interesse e atenção ao ouvir a leitura de histórias e outros textos, diferenciando escrita de ilustrações, e acompanhando, com orientação do adulto-leitor,

a direção da leitura (de cima para baixo, da esquerda para a direita).
(EI03EF04) Recontar histórias ouvidas e planejar coletivamente roteiros de vídeos e de encenações, definindo os contextos, os personagens e a estrutura da história.

Etapa 1:
Escolha da obra literária.

Objetivos específicos da proposta:
Despertar o interesse das crianças pela história e criar expectativa sobre a leitura.

Proposta:
- O(a) professor(a) apresenta à turma um livro de literatura infantil com uma narrativa envolvente.
- Ele(a) realiza uma breve introdução ao tema do livro, questionando as crianças sobre experiências semelhantes que possam ter vivido.
- Ele(a) suscita as expectativas das crianças sobre o livro que será lido.
- O(a) professor(a) explica que, durante a leitura, as crianças devem prestar atenção nas situações que envolvem o personagem principal.
- Ao final da leitura, ele(a) retoma as expectativas que as crianças levantaram antes da leitura e verifica quais foram contempladas e quais não. Dialoga com as crianças tam-

bém sobre o que elas fariam diferente do personagem principal.

Etapa 2:
Leitura e interação.

Objetivo específico da proposta:
Estimular a atenção e o envolvimento das crianças durante a leitura.

Proposta:

- O(a) professor(a) seleciona outra obra literária, diferente a da etapa anterior, e a lê em voz alta, utilizando as expressões faciais e entonações necessárias.
- Durante a leitura, ele(a) faz pausas em momentos estratégicos para realizar perguntas provocativas e específicas, como: "o que vocês acham que vai acontecer agora?" ou "quantos personagens já foram apresentados até aqui?"
- As crianças são encorajadas a compartilhar suas ideias e previsões sobre a história, promovendo um ambiente interativo.
- As pausas são feitas em momentos planejados e o(a) professor(a) vai levantando as hipóteses das crianças e estimulando que imaginem situações inusitadas na história lida.

Etapa 3:
Discussão em duplas.

Objetivo específico da proposta:
Promover a troca de ideias e o desenvolvimento da argumentação.

Proposta:

- Após a leitura de outro livro, diferente aos das etapas anteriores, as crianças são organizadas em duplas para discutir suas partes favoritas da história (e as não favoritas, se for o caso) e por que gostaram delas (ou não).
- Cada dupla pode ser incentivada a compartilhar suas interpretações e reflexões, questionando-se sobre o que fariam se fossem um dos personagens em situações específicas.
- O(a) professor(a) circula entre as duplas, ouvindo as discussões e fazendo perguntas motivadoras que estimulem as crianças a aprofundar o pensamento.

Etapa 4:
Criação de situações matemáticas.

Objetivo específico da proposta:
Desenvolver a capacidade de generalização e a criatividade ao extrair conceitos matemáticos de um contexto narrativo.

Proposta:

- Após a leitura de uma obra, o(a) professor(a) propõe às crianças, em pequenos grupos, que criem ou resolvam situações desafiadoras para o personagem principal da história. Por exemplo: após ler *Chapeuzinho Vermelho*[5], as crianças podem elaborar uma maneira para que a Chapeuzinho chegue à casa da Vovó antes do Lobo Mau ou podem pensar em maneiras para a Chapeuzinho não ser devorada pelo Lobo Mau e como a Vovó poderia escapar do lobo, entre outros.

- Em seguida, pode ser lida outra obra literária que traga outra abordagem da mesma história ou com o mesmo personagem. A leitura auxiliará as crianças a terem outras perspectivas ou outros contextos para os mesmos personagens.

Etapa 5:
Criação de um mural coletivo.

Objetivo específico da proposta:
Incentivar a expressão artística e a reflexão sobre as aprendizagens realizadas.

Proposta:
- A turma se reúne para criar um mural coletivo baseado nas atividades anteriores.
- O(a) professor(a) fornece papel, lápis de cor e outros materiais artísticos e as crianças são incentivadas a desenhar os persona-

5. Este é um conto tradicional que aparece em diversas versões ao longo do tempo. Não citamos uma edição em particular.

gens da história, seus objetos favoritos e as situações que elaboraram.
- Enquanto trabalham, as crianças discutem sobre os personagens, suas características e as situações presentes nas imagens que estão criando.

Etapa 6:
Dramatização da história.

Objetivo específico da proposta:
Permitir que as crianças vivenciem a narrativa de forma prática e criativa, promovendo a expressão oral e a escuta ativa.

Proposta:
- A turma decide encenar a história, com cada criança interpretando um personagem.
- O(a) professor(a) organiza as falas e as ações, incentivando a expressão criativa e a reflexão sobre como os personagens se relacionam entre si e como isso pode envolver diferentes situações.

Etapa 7:
Reflexão coletiva.

Objetivo específico da proposta:
Promover uma reflexão coletiva sobre as aprendizagens, permitindo que cada criança expresse suas opiniões e percepções sobre o que vivenciaram.

Proposta:

- O(a) professor(a) organiza uma roda de conversa para que as crianças compartilhem suas experiências com as propostas ao longo das etapas.
- Ele(a) provoca reflexões sobre as aprendizagens que estiveram presentes nas histórias e nas propostas, questionando: "O que vocês gostaram e não gostaram sobre os personagens?".
- As crianças são incentivadas a compartilhar suas ideias, promovendo um ambiente de escuta e valorização das contribuições de cada um.

Por meio dessas etapas, o(a) professor(a) cria um ambiente de aprendizagem rico e significativo, em que a literatura infantil se torna um veículo para o desenvolvimento do pensamento matemático, favorecendo a interação, a reflexão coletiva e o protagonismo das crianças. Cada proposta é cuidadosamente planejada para promover um aprendizado ativo e engajado em que as crianças podem explorar ideias matemáticas de maneira lúdica e contextualizada.

CAPÍTULO 4

EXPLORANDO MATERIAIS NÃO ESTRUTURADOS E MANIPULATIVOS

Neste capítulo, examinaremos uma Situação Hipotética que aborda o uso de materiais não estruturados e manipulativos para a construção do pensamento matemático. Ao longo do capítulo, proporemos algumas possibilidades e discutiremos como elas podem ser transformadas em oportunidades de desenvolvimento cognitivo. A partir dessa análise, apresentaremos uma proposta prático-reflexiva para incentivar o uso criativo e concreto de materiais que favoreçam o desenvolvimento de diversas ideias, como volume e espaço.

SITUAÇÃO HIPOTÉTICA 4

Em uma turma de Educação Infantil, o(a) professor(a) organiza suas atividades diárias priorizando o uso de materiais didáticos, como livros de atividades, cópias xerocadas e folhas de exercícios. A cada manhã, ao iniciar, o(a) professor(a) distribui para as crianças folhas impressas com atividades, que consistem principalmente em exercícios de traçar números, contar objetos desenhados e conectar colunas de números com imagens correspondentes – por exemplo, contagem de maçãs, bolas e flores, preenchendo o número correspondente em quadradinhos ao lado.

Durante uma das atividades, o(a) professor(a) percebe uma criança hesitante, olhando fixamente para a folha, sem saber o que fazer. Aproximando-se, ele(a) pergunta: "Quantas maçãs você vê aqui na imagem?". A criança, ainda incerta, responde que não sabe. O(a) professor(a), então, sugere que contem juntos, mas, mesmo assim, a criança se perde ao tentar completar a tarefa. O(a) professor(a) repete a contagem com a criança, ajudando-a a preencher o quadrado com o número correto.

A atividade proposta foca na repetição e na memorização, sem uso de materiais manipuláveis ou contexto que conecte a atividade ao cotidiano das crianças, focando-se nisto e perdendo a oportunidade de investigar o que a criança já sabe. As aulas seguem o mesmo padrão: o(a) professor(a) pede às crianças que abram os livros didáticos em páginas específicas, em que encontram tarefas relacionadas a diversos conceitos, dentre eles os matemáticos, como contagem, comparação e reconhecimento de formas geométricas. As crianças passam a maior parte do tempo sentadas em suas carteiras, focadas em completar as atividades que envolvem a repetição de padrões, a marcação de alternativas corretas e o preenchimento de lacunas.

Nessa prática, o papel do(a) professor(a) se restringe a explicar o que deve ser feito em cada exercício, circular pela sala para verificar se as crianças estão cumprindo as tarefas corretamente e destinar um tempo para que as crianças façam perguntas e, então, respondam as propostas.

O(a) professor(a) acredita que o livro didático e as folhas de exercícios são suficientes para garantir o aprendizado dos conceitos esperados à Educação Infantil, pois, assim, os pais das crianças compreendem melhor o que está sendo desenvolvido com seus filhos. As atividades propostas são todas voltadas para o registro no papel, sem relação com situações do cotidiano ou com os contextos vividos pelas crianças fora da sala de aula.

Como resultado, as crianças até preenchem as folhas de forma correta, ou seja, dentro do esperado pelo(a) educador(a), mas sem atribuírem sentido ao que é exposto, pois não têm a chance de vivenciar, experimentar ou aplicar o que aprendem em situações concretas.

O uso de materiais não estruturados e manipuláveis na Educação Infantil é uma prática pedagógica essencial para o desenvolvimento integral das crianças, pois oferece experiências sensoriais concretas fundamentais para a construção de diversos conhecimentos, especialmente no letramento matemático. O pensamento concreto é uma fase crucial para o desenvolvimento cognitivo na infância. Para que as crianças, quando maiores, compreendam conceitos abstratos, como números e formas geométricas, por exemplo, é necessário que elas, quando pequenas, tenham a oportunidade de manipular objetos concretos que vislumbrem essas ideias de maneira tangível.

Materiais não estruturados são objetos que não têm um propósito único definido e permitem às crianças usarem a criatividade para explorar, descobrir e aprender. Esses materiais são fundamentais na Educação Infantil, pois promovem o desenvolvimento integral, permitindo que as crianças experimentem e criem livremente, sem restrições ou direções pré-estabelecidas. Exemplos incluem pedras, conchas, gravetos, caixas de papelão, pedaços de tecido, tampas de garrafa, rolos de papel higiênico, fios, botões (sobretudo os maiores) e até mesmo materiais naturais como areia, água e folhas. Esses objetos simples e variados são oferecidos às crianças sem uma instrução clara sobre como devem ser usados, o que favorece uma vasta gama de possibilidades de exploração e criação. Ao contrário, materiais estruturados são aqueles que possuem uma função predeterminada, que guia o uso e a interação, e têm um objetivo claro e delimitado, como brinquedos em geral (uma boneca, um carrinho).

Já os materiais manipuláveis são objetos físicos que os alunos podem tocar, mover e manipular para explorar conceitos e ideias, especialmente em contextos educativos. Exemplos incluem blocos de montar, contadores, cubos, figuras geométricas, argila, entre outros. Por outro lado, os materiais não manipuláveis são recursos educacionais que as crianças não podem alterar ou interagir de forma tátil, servindo para informar, explicar conceitos ou ilustrar ideias, sem a possibilidade de manipulação direta. O uso de materiais manipuláveis facilita a aprendizagem ativa, ajudando as crianças a desenvolverem habilidades cognitivas, motoras e sociais por meio da interação direta com os objetos.

Os materiais não estruturados representam uma fonte inesgotável de possibilidades para o desenvolvimento de diversos conceitos importantes, dentre eles os matemáticos.

- **Desenvolvimento cognitivo:** Ao manipular e explorar materiais não estruturados, as crianças desenvolvem habilidades cognitivas, como a resolução de problemas, o pensamento crítico e a capacidade de tomar decisões. Por exemplo, ao empilhar pedras ou discos de madeira de diferentes tamanhos, elas experimentam conceitos de equilíbrio, gravidade e geometria de forma prática e intuitiva.
- **Criatividade e imaginação:** Esses materiais estimulam a imaginação, permitindo que as crianças criem suas próprias brincadeiras e narrativas.

Uma caixa de papelão pode se transformar em um carro, uma casa ou um foguete. Esse tipo de exploração livre é essencial para o desenvolvimento da criatividade, uma habilidade valiosa em todas as áreas da vida.

- **Desenvolvimento social:** Quando crianças brincam juntas com materiais não estruturados, elas aprendem a colaborar, compartilhar ideias e resolver conflitos. Por exemplo, ao construir uma cidade imaginária com blocos de madeira e outros materiais, as crianças discutem, negociam e tomam decisões coletivas, desenvolvendo habilidades de comunicação e trabalho em equipe.
- **Desenvolvimento físico:** A manipulação desses materiais também fortalece as habilidades motoras finas e grossas. Ao manusear objetos como botões ou tampas de garrafa, as crianças aprimoram a coordenação olho-mão e o controle motor fino. Por outro lado, atividades como construir com galhos ou mover grandes caixas ajudam a desenvolver a força física e a coordenação motora ampla.
- **Desenvolvimento emocional:** Permitem que as crianças expressem suas emoções e lidem com elas de maneira construtiva. Por exemplo, ao construir uma torre de blocos que eventualmente desmorona, a criança aprende a lidar com a frustração e a persistir, desenvolvendo resiliência e autoconfiança.

Aprofundando

Quais são as possibilidades de uso para materiais não estruturados?

Os materiais não estruturados oferecem inúmeras possibilidades para o desenvolvimento infantil, promovendo criatividade, experimentação e aprendizado. Através de jogo simbólico, exploração científica, construção e expressão artística, as crianças podem explorar conceitos e habilidades de maneira lúdica e prática.

- **Jogo simbólico:** As crianças podem usar tecidos, gravetos e conchas para criar personagens e ambientes imaginários, estimulando a criação narrativa e o pensamento simbólico.
- **Exploração científica:** Areia, água e pedras podem ser usadas em brincadeiras de experimentação, nas quais as crianças exploram conceitos de peso, volume e textura.
- **Construção:** Caixas de papelão, tubos de papel e pedaços de madeira podem ser usados para construir estruturas, desenvolvendo o pensamento espacial e habilidades de planejamento.
- **Expressão artística:** Pedrinhas, folhas e outros materiais naturais podem ser usados para criar colagens ou esculturas, permitindo a expressão criativa e a exploração de diferentes formas e texturas.

Materiais manipuláveis, como os não estruturados, permitem que as crianças explorem, investiguem e resolvam situações de forma ativa. Ao manipular esses materiais, as crianças engajam seus sentidos, criando conexões entre suas experiências físicas e as ideias abstratas que vão sendo introduzidas. Piaget (2007) destaca que as crianças constroem conhecimento através da interação direta com o mundo ao seu redor.

Além de favorecer o desenvolvimento de habilidades motoras finas e da coordenação olho-mão, como já mencionado, o uso pedagógico intencional desses materiais estimula a percepção espacial. Por exemplo, ao empilhar blocos de madeira, as crianças não apenas aprendem sobre equilíbrio e gravidade, mas também desenvolvem destrezas físicas fundamentais para tarefas futuras, como o registro escrito. Já a manipulação de diferentes texturas, formas e tamanhos contribui para o desenvolvimento sensorial, estimulando as crianças a investigar, distinguir e categorizar objetos com base em suas propriedades físicas.

Esses materiais também promovem a autonomia e o protagonismo infantil. Quando educadores(as) oferecem esses recursos em um ambiente estruturado e flexível, as crianças podem fazer escolhas, experimentar diferentes estratégias e descobrir soluções por conta própria. Esse processo de descoberta é crucial para o desenvolvimento do pensamento crítico e da resolução de problemas, proporcionando um aprendizado ativo e significativo, muito mais eficaz do que a simples memorização de fatos ou regras.

A importância de objetos concretos no desenvolvimento infantil é amplamente reconhecida na literatura pedagógica. Vigotski (2018) argumenta que o desenvolvimento cognitivo é influenciado pelo contexto social e pelas interações com os outros. Nesse sentido, os materiais não estruturados facilitam a aprendizagem individual e criam oportunidades para o trabalho colaborativo, no qual as crianças praticam habilidades sociais importantes, como comunicação, negociação e cooperação. Esses objetos representam ferramentas concretas que as crianças podem tocar, mover e manipular para explorar conceitos abstratos que estão aprendendo, o que é especialmente útil no desenvolvimento do pensamento matemático, mas também nas áreas científica, artística e da linguagem.

Por exemplo, para desenvolver o processo de contagem, é possível utilizar cubos ou botões grandes para contar, agrupar e comparar quantidades, respeitando o processo de abstração da criança, que pode manipular os objetos um a um, fazendo a correspondência com a sequência numérica até que ela possa abstrair a ideia de quantidade como uma característica da coleção (e não dos objetos). Nos conhecimentos científicos, elas podem explorar materiais manipuláveis para investigar peso, textura e forma de diferentes objetos, desenvolvendo uma compreensão mais profunda das propriedades físicas do mundo ao seu redor. Na linguagem, os materiais manipuláveis podem ser usados para formar letras, palavras ou criar histórias visuais, facilitando a conexão entre a palavra escrita e seu significado.

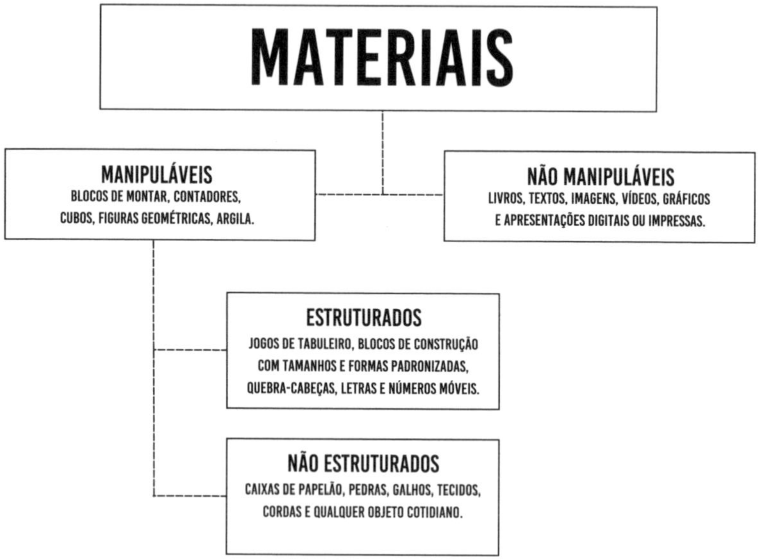

Figura 10 – Resumo dos materiais.

MATERIAIS NÃO ESTRUTURADOS, CONCEITOS MATEMÁTICOS E A BNCC

A BNCC (BRASIL, 2018, p. 14-15) orienta que a Educação Infantil deve proporcionar experiências que promovam o desenvolvimento integral das crianças, respeitando seu tempo, ritmo e singularidades. Dentro desse contexto, os materiais não estruturados oferecem uma via eficaz para o desenvolvimento de diversas aprendizagens, dentre elas as matemáticas, como contagem, classificação, seriação e compreensão de relações espaciais e temporais. Ao manipular esses materiais, as crianças têm a oportunidade de experimentar e explorar diferentes conceitos de forma concreta, o que é essencial para a construção do pensamento matemático na primeira infância.

Por exemplo, ao agrupar tampinhas de garrafa por cor ou tamanho, as crianças estão naturalmente trabalhando com a ideia de classificação e, ao dispor pedrinhas em uma linha crescente de tamanho, estão explorando o conceito de seriação. Essas atividades não apenas introduzem as noções fundamentais da área, como também o fazem de uma maneira que é intuitiva e significativa para elas, alinhada ao seu nível de desenvolvimento. Essas experiências práticas são essenciais para que possam, posteriormente, abstrair essas noções e aplicá-las em contextos mais complexos.

Ademais, a BNCC (BRASIL, 2018, p. 09-10) enfatiza a importância do desenvolvimento de competências gerais, como a resolução de problemas, o pensamento crítico e a capacidade de argumentação e comunicação. O uso destes materiais favorece diretamente o desenvolvimento dessas competências. Quando as crianças interagem com materiais que não têm uma função predeterminada, elas são desafiadas a resolver problemas, tomar decisões e experimentar diferentes abordagens para alcançar seus objetivos. Ao tentar construir uma torre de caixas ou uma ponte com gravetos, por exemplo, as crianças estão naturalmente explorando conceitos como equilíbrio, simetria e proporção, desenvolvendo habilidades de raciocínio lógico e planejamento.

Essas propostas são particularmente eficazes para desenvolver o campo de experiências "Espaços, tempos, quantidades, relações e transformações". Nesse campo, as crianças são incentivadas a explorar e a compreender o mundo ao seu redor por meio da manipulação e transformação de objetos e materiais. O uso desses materiais permite que as crianças participem ativamente do processo, criando e recriando significados a partir de suas interações com eles. Essa abordagem promove uma aprendizagem integrada e significativa, que favorece o desenvolvimento cognitivo, social e emocional. Quando as crianças utilizam conchas e pedras para criar padrões no chão, elas não apenas exploram conceitos de repetição e simetria, como também desenvolvem habilidades motoras finas, trabalham em equipe e aprendem a negociar e compartilhar ideias. Essa exploração contribui para o desenvolvimento e a integração de competências relacionadas ao campo de experiências "O eu, o outro e o nós", promovendo o desenvolvimento social e emocional das crianças em paralelo ao desenvolvimento matemático.

Além do desenvolvimento das competências matemáticas, os materiais também promovem a autonomia e o protagonismo das crianças. Ao contrário dos materiais estruturados, que muitas vezes direcionam a criança para uma resposta ou solução específica, os materiais não estruturados permitem que elas explorem diferentes possibilidades e criem suas próprias soluções. Esse processo de tomada de decisão e resolução de problemas é fundamental para o desenvolvimento do pensamento matemático, pois envolve habilidades como a generalização, argumentação e criação de estratégias – todas essenciais para a construção do conhecimento matemático.

Portanto, o uso intencional de materiais não estruturados na Educação Infantil facilita o desenvolvimento de ideias matemáticas específicas e também promove uma aprendizagem integrada e significativa, alinhada aos direitos de aprendizagem e desenvolvimento esperados pela BNCC. Ao permitir que as crianças explorem, experimentem e interajam com o mundo ao seu redor de forma lúdica e criativa, os(as) educadores(as) estão criando um ambiente de aprendizagem rico e estimulante, que apoia o desenvolvimento integral das crianças e as prepara para futuros desafios acadêmicos e de vida.

MATERIAIS NÃO ESTRUTURADOS

DEFINIÇÃO

- **Descrição:** Materiais que não têm uma função predeterminada.
- **Exemplos:** Tampinhas, pedrinhas, conchas, caixas, gravetos.
- **Função:** Incentivam a imaginação e a construção personalizada do conhecimento.

PAPEL NA EDUCAÇÃO INFANTIL

- **Desenvolvimento:** Promovem experiências de aprendizagem ricas e diversificadas. Facilitam a compreensão de conceitos matemáticos de forma concreta.
- **Abordagem da BNCC:** Respeito pelo tempo, ritmo e singularidades das crianças.

DESENVOLVIMENTO DE COMPETÊNCIAS MATEMÁTICAS

- **Competências envolvidas:** Contagem, classificação, seriação, relações espaciais e temporais.

- **Atividades práticas:** Agrupar objetos por cor ou tamanho. Dispor objetos em ordem crescente.

DESENVOLVIMENTO SOCIAL E EMOCIONAL

- **Atividades em grupo:** Construções desenvolvem habilidades de equilíbrio e simetria; trabalho em equipe; negociação e compartilhamento de ideias.

DIREITO AO BRINCAR E APRENDER

- **Ludicidade:** Permitem uma aprendizagem lúdica. Respeitam as curiosidades e interesses das crianças.

PROTAGONISMO E AUTONOMIA

- **Exploração de possibilidades:** Permitem que as crianças criem suas próprias soluções.
- **Desenvolvimento do pensamento matemático:** Envolvem habilidades como generalização, argumentação e estratégia.

APRENDIZAGEM SIGNIFICATIVA

- **Exploração de ideias matemáticas:** Experiências práticas que ajudam na abstração posterior de ideias que serão sistematizadas.
- **Integração com a BNCC:** Promovem competências gerais, como resolução de problemas e pensamento crítico.

APRENDIZAGEM INTEGRADA E SIGNIFICATIVA

- **Ambiente de aprendizagem:** Criam um espaço estimulante e rico.
- **Preparação para desafios futuros:** Apoiam o desenvolvimento integral.

Agora que compreendemos a importância do uso de materiais não estruturados e dos manipuláveis, vamos analisar, a seguir, a Situação Hipotética apresentada no início do capítulo com mais detalhes.

ANÁLISE DA SITUAÇÃO HIPOTÉTICA 4

A IMPORTÂNCIA DO USO DE MATERIAIS CONCRETOS NA EDUCAÇÃO INFANTIL

O uso de materiais manipuláveis e não estruturados na Educação Infantil é essencial para o desenvolvimento cognitivo e emocional das crianças. Esses materiais permitem que as crianças explorem conceitos abstratos de maneira concreta, facilitando a compreensão de noções matemáticas e outras áreas do conhecimento. Na Situação Hipotética, o(a) professor(a) não explorou seu uso.

Segundo a BNCC (BRASIL, 2018, p. 36-39), o aprendizado significativo na Educação Infantil deve ser construído a partir de experiências reais e sensoriais, que promovam a curiosidade e a autonomia. Com isso, é preciso refletir:

> Como as experiências sensoriais concretas que os materiais manipuláveis e não estruturados oferecem podem transformar a maneira como as crianças compreendem conceitos abstratos?

As experiências sensoriais que esses materiais proporcionam permitem que as crianças observem, experimentem, toquem e interajam ativamente com o que estão aprendendo. Isso transforma o aprendizado em um processo mais dinâmico e envolvente. Quando podem manipular objetos, as crianças são encorajadas a fazer perguntas, explorar diferentes possibilidades e desenvolver suas próprias conclusões, o que resulta em uma compreensão mais profunda e duradoura dos conceitos.

O DESENVOLVIMENTO DO PENSAMENTO MATEMÁTICO

Materiais manipuláveis, sejam eles estruturados ou não – como blocos de construção, peças de montar e objetos do cotidiano –, são fundamentais para que as crianças desenvolvam conhecimentos e sejam letradas matematicamente. Eles possibilitam que conceitos como contagem, comparação, classificação e seriação sejam experimentados na prática.

A BNCC (BRASIL, 2018) enfatiza que o desenvolvimento de competências, como resolver situações-problema, argumentar e generalizar, se fortalece quando as crianças interagem ativamente com esses materiais, explorando diferentes possibilidades e soluções. Na Situação Hipotética, as crianças ficavam voltadas exclusivamente ao uso do livro didático e cópias. Para que isso não aconteça, é importante refletir:

> De que maneira o uso de materiais manipuláveis pode ampliar a capacidade de resolver problemas e desenvolver estratégias matemáticas?

Materiais manipuláveis instigam a curiosidade natural das crianças e as motivam a resolver problemas de forma criativa. Ao lidarem com objetos concretos, elas podem experimentar, comparar e elaborar estratégias diversas para encontrar soluções para os problemas. Esse tipo de interação aprimora a capacidade de resolução de problemas e fortalece habilidades importantes, como o raciocínio lógico e a argumentação, fundamentais para o desenvolvimento do pensamento matemático.

Contextualização e significado no aprendizado

Quando a prática pedagógica se limita ao uso de materiais didáticos descontextualizados, como livros e folhas de atividades, as crianças podem ter dificuldade para atribuir significado ao que estão aprendendo. Materiais não estruturados, como folhas, pedras e tecidos, por outro lado, permitem que elas façam conexões com seu ambiente, integrando o aprendizado à sua realidade cotidiana. A BNCC (BRASIL, 2018, p. 38) destaca a importância da contextualização para garantir que o aprendizado seja significativo e relevante. Assim, importa refletir:

Como a integração de materiais não estruturados nas atividades pode tornar o aprendizado mais relevante e significativo para as crianças?

A integração de materiais não estruturados nas atividades pedagógicas oferece uma oportunidade para que as crianças explorem o mundo ao seu redor de maneira significativa. Por exemplo, ao utilizarem objetos do cotidiano, elas podem relacionar o que aprendem na sala de aula com suas experiências diárias, o que facilita a construção de novos conhecimentos. Essa contextualização promove um ambiente de aprendizado mais rico, em que cada atividade é vista como parte de um todo, estimulando a curiosidade e o desejo de aprender.

Direitos de aprendizagem e desenvolvimento

A BNCC (BRASIL, 2018, p. 38) estabelece que as práticas pedagógicas na Educação Infantil devem assegurar os direitos de aprendizagem e desenvolvimento das crianças, incluindo o direito de explorar, criar, experimentar e aprender em um ambiente rico e diversificado. A ausência de materiais manipuláveis e não estruturados na sala de aula pode limitar o exercício desses direitos, privando as crianças de experiências essenciais para seu desenvolvimento integral. Uma pergunta norteadora pode ser a seguinte:

De que forma a inclusão de materiais manipuláveis e não estruturados pode garantir o cumprimento dos direitos de aprendizagem e desenvolvimento das crianças, conforme previsto na BNCC?

A inclusão de materiais manipuláveis e não estruturados na rotina escolar proporciona às crianças a oportunidade de explorar seus direitos de aprendizagem e desenvolvimento de forma concreta. Ao interagir com diferentes materiais, elas exercitam sua criatividade, curiosidade e capacidade de resolução de problemas. Essas experiências são fundamentais para garantir que todas as crianças tenham acesso a um ambiente de aprendizado que valorize suas individualidades e potencialidades, contribuindo para um desenvolvimento pleno.

Reflexão sobre a prática pedagógica

A prática pedagógica que não valoriza o uso de materiais manipuláveis e não estruturados corre o risco de limitar o desenvolvimento das crianças a atividades repetitivas e descontextualizadas, que não promovem a reflexão, a criatividade e a autonomia. A BNCC (BRASIL, 2018, p. 37) reforça que as interações e brincadeiras são essenciais para a aprendizagem e que os materiais concretos são ferramentas poderosas para promover essas interações de forma significativa.

Como a reflexão sobre o uso de materiais manipuláveis e não estruturados pode levar a uma prática pedagógica mais rica e alinhada aos princípios da BNCC?

Refletir sobre a utilização de materiais manipuláveis e não estruturados nas atividades pedagógicas permite que os(as) docentes reavaliem suas práticas e busquem inovações que promovam um aprendizado mais significativo. Ao considerar a importância dessas ferramentas, os(as) educadores(as) podem criar experiências de aprendizado que estimulem a interação, a exploração e a construção coletiva do conhecimento, alinhando-se aos princípios da BNCC e, principalmente, às necessidades e interesses das crianças.

Vamos, agora, explorar outra abordagem para um planejamento de proposta que faça uso de tudo o que discutimos até aqui:

COLOCANDO A MÃO NA MASSA: PROPOSTA PRÁTICO-REFLEXIVA

Contexto Inicial:

A Educação Infantil é uma etapa crucial para o desenvolvimento das crianças, em que experiências práticas e lúdicas desempenham um papel essencial na construção do conhecimento. Compreendendo a importância de proporcionar um ambiente rico em estímulos, este planejamento de propostas busca explorar o uso intencional de materiais não estruturados e manipuláveis. As propostas foram elaboradas de forma a garantir que as crianças sejam protagonistas de seu próprio aprendizado, explorando, experimentando e criando significados através de experiências concretas.

Objetivos de aprendizagem e desenvolvimento:
(EI02EO04) Comunicar-se com os colegas e os adultos, buscando compreendê-los e fazendo-se compreender.
(EI03EO04) Comunicar suas ideias e sentimentos a pessoas e grupos diversos.
(EI02CG01) Apropriar-se de gestos e movimentos de sua cultura no cuidado de si e nos jogos e brincadeiras.
(EI03CG02) Demonstrar controle e adequação do uso de seu corpo em brincadeiras e jogos, escuta e reconto de histórias, atividades artísticas, entre outras possibilidades.
(EI02TS02) Utilizar materiais variados com possibilidades de manipulação (argila, massa de modelar), explorando cores, texturas, superfícies, planos, formas e volumes ao criar objetos tridimensionais.
(EI03TS02) Expressar-se livremente por meio de desenho, pintura, colagem, dobradura e

escultura, criando produções bidimensionais e tridimensionais.

Etapa 1:
Introdução aos materiais não estruturados.

Objetivos específicos da proposta:
Apresentar e explorar a diversidade dos materiais não estruturados disponíveis.

Proposta:

- O(a) professor(a) disponibiliza diferentes materiais não estruturados (tampinhas, pedras, gravetos, caixas) em áreas distintas da sala. Ele(a) permite que as crianças explorem livremente os materiais e compartilhem suas descobertas com os colegas.
- Em seguida, o(a) professor(a) organiza uma brincadeira de "Caça ao tesouro", em que as crianças devem encontrar objetos específicos (como tampinhas de uma determinada cor ou pedras de um determinado tamanho), para incentivá-las a interagir com os materiais.
- Após a exploração e a brincadeira, ele(a) promove uma roda de conversa na qual as crianças relatam o que fizeram com os materiais e o que aprenderam durante a exploração.

Essa proposta inicial permite que as crianças se familiarizem com os materiais e desenvolvam uma base de conhecimento sobre suas propriedades e possibilidades de uso. Promove o protagonismo, permitindo que as crianças decidam como interagir com os materiais.

Etapa 2:
Construção e desenho.

Objetivo específico da proposta:
Desenvolver habilidades de construção e representação através dos materiais não estruturados.

Proposta:

- O(a) professor(a) fornece, aos grupos de crianças, materiais variados (blocos, caixas, tubos) e pede que construam uma estrutura de sua escolha, como uma torre ou uma casa.
- Propõe uma brincadeira, o "Desafio de construção", em que cada grupo deve construir a torre mais alta possível que suporte o peso de um objeto (como um brinquedo pequeno).
- Após a construção, cada grupo desenha a estrutura que criou, discutindo as escolhas feitas e as dificuldades encontradas.

A construção e o desenho desenvolvem habilidades espaciais e de planejamento. Permitem a exploração de ideias matemáticas como equilíbrio e simetria de forma concreta e visual, além de fomentar a comunicação e o trabalho em grupo.

Etapa 3:
Classificação e organização.

Objetivos específicos da proposta:
Introduzir e reforçar conceitos de classificação e organização.

Proposta:

- O(a) professor(a) distribui materiais não estruturados (tampinhas, pedras, conchas) e pede que as crianças os classifiquem de acordo com diferentes critérios (cor, tamanho, forma).
- Em uma brincadeira, cria o "Jogo da memória", em que as crianças devem encontrar pares de objetos que compartilham a mesma característica (como cor ou forma).
- As crianças, ao final, registram suas classificações em uma folha de papel, criando gráficos ou listas.

A atividade estimula o desenvolvimento de habilidades de classificação e organização, essenciais para a compreensão da categorização. Permite a exploração prática e a visualização.

Etapa 4:
Sequência e seriação.

Objetivo específico da proposta:
Explorar os conceitos de sequência e seriação usando materiais manipuláveis.

Proposta:

- No início, o(a) professor(a) fornece diferentes tipos de objetos (blocos de diferentes tamanhos, cores e formas) e pede que as crianças os organizem em uma sequência lógica (por tamanho crescente, cor etc.).
- Então, organiza uma brincadeira de "Corrida da sequência", uma competição na qual as crianças devem formar a sequência correta o mais rápido possível, incentivando a cooperação e a agilidade.
- Ao final, o(a) professor(a) conversa sobre as sequências criadas e as regras usadas para organizá-las.

A seriação e a sequência são conceitos fundamentais na matemática. A atividade permite que as crianças experimentem esses conceitos de forma prática e visual, promovendo a autonomia na tomada de decisões.

Etapa 5:
Criação de padrões.

Objetivo específico da proposta:
Desenvolver habilidades de reconhecimento e criação de padrões.

Proposta:

- Para a criação de padrões, o(a) professor(a) usa materiais como tampinhas, pedras e cordas para incentivar as crianças a criarem seus próprios padrões e explicar a lógica por trás deles.
- O(a) professor(a) cria a brincadeira de "Padrão musical" para associar os padrões a sons, na qual as crianças batem palmas ou usam instrumentos para criar padrões rítmicos, relacionando a música ao conceito de repetição.
- No fim da atividade, o(a) professor(a) e as crianças conversam e exploram como os padrões podem ser repetidos e modificados.

Trabalhar com padrões ajuda as crianças a reconhecerem e criarem sequências lógicas, uma habilidade essencial para o desenvolvimento do pensamento matemático. Além disso, a atividade promove a criatividade e a comunicação.

Etapa 6:

Resolução de situações-problema.

Objetivo específico da proposta:

Estimular a resolução de problemas e o pensamento crítico através de atividades práticas.

Proposta:

- O(a) professor(a) propõe um desafio em que as crianças devem construir uma estrutura que suporte o peso de um objeto pequeno (como um livro) usando apenas materiais não estruturados fornecidos.

- Em seguida, começa a brincadeira de "Enigma da construção", que consiste na criação de enigmas que as crianças devem resolver para descobrir qual tipo de estrutura construir, promovendo a colaboração e a comunicação.
- Após a construção em conjunto, conversam sobre as soluções encontradas, os problemas enfrentados e as estratégias utilizadas.

A resolução de problemas envolve habilidades de planejamento, experimentação e avaliação. A atividade promove a autonomia das crianças e o desenvolvimento de competências críticas e criativas.

Etapa 7:
Jogos matemáticos com materiais manipuláveis.

Objetivo específico da proposta:
Aplicar noções matemáticas em jogos lúdicos utilizando materiais manipuláveis.

Proposta:

- O(a) professor(a) cria um jogo no qual as crianças devem contar e classificar diferentes tipos de objetos (blocos, tampinhas etc.) em grupos, usando os materiais para criar situações de contagem e comparação. Caso

errem, devem ajustar e revisar sua contagem em grupo.
- Depois, as crianças brincam de "Bingo matemático", no qual elas devem marcar números que correspondem à quantidade de objetos que encontraram ou contaram.
- Por fim, as crianças têm o desafio de encontrar o maior ou menor número de objetos em um grupo específico.

Os jogos matemáticos permitem que as crianças apliquem conceitos matemáticos de forma prática e lúdica. Promovem a autonomia e o aprendizado ativo através de desafios e resolução de problemas.

Etapa 8:
Criação e apresentação de projetos.

Objetivo específico da proposta:
Desenvolver habilidades de comunicação e apresentação ao criar e compartilhar projetos com os colegas.

Proposta:
- O(a) professor(a) organiza as crianças em grupos e propõe que criem um projeto usando materiais não estruturados, como uma cidade em miniatura ou uma representação de um animal.
- Depois, organiza uma "Feira de projetos", na qual cada grupo apresenta seu projeto para a turma e os visitantes (outros grupos),

explicando como usaram os materiais e o que aprenderam.

- Cada grupo apresenta seu projeto, promovendo a discussão e recebe devolutivas de suas criações, com comentários acessíveis.

A criação e apresentação de projetos incentiva a criatividade, a colaboração e as habilidades de comunicação. Permite que as crianças compartilhem o conhecimento adquirido e desenvolvam habilidades de argumentação e expressão.

Etapa 9:
Reflexão e avaliação.

Objetivos específicos da proposta:
Refletir sobre o aprendizado ao longo das atividades e avaliar o desenvolvimento das crianças.

Proposta:

- O(a) professor(a) promove uma roda de conversa em que as crianças compartilham suas experiências e reflexões sobre o uso dos materiais não estruturados.
- Propõe, então, a brincadeira de "O Que aprendi?", na qual cada criança escolhe um objeto com o qual trabalhou e compartilha com o grupo uma coisa nova que aprendeu sobre ele.
- Ao fim, o(a) professor(a) incentiva a autorreflexão e convida as crianças a refletirem

sobre o que aprenderam e como se sentiram durante as atividades.

A reflexão e avaliação permite que as crianças internalizem o que aprenderam e expressem suas experiências. Também fornece aos(as) educadores(as) informações valiosas sobre o desenvolvimento e o progresso das crianças.

Esta proposta prático-reflexiva foi elaborada com o intuito de exemplificar uma abordagem rica e diversificada no uso de materiais não estruturados e manipuláveis, que são fundamentais para a construção do conhecimento na Educação Infantil. Esses materiais proporcionam um ambiente de aprendizado que vai além do simples manuseio, favorecendo o desenvolvimento integral em diversas dimensões, incluindo a cognitiva, social, emocional e física.

O objetivo dessas propostas foi o de estimular a autonomia das crianças, permitindo que elas tomem decisões sobre como explorar e interagir com os materiais, construindo seu próprio conhecimento de forma significativa. Ao fomentar o protagonismo, as crianças se tornam ativas em seu processo de aprendizagem, expressando suas ideias, soluções e descobertas e, assim, se sentem mais engajadas e motivadas a participar. A aprendizagem significativa ocorre quando as experiências são contextualizadas e ligadas à vida cotidiana, permitindo que as crianças conectem novos conhecimentos com suas vivências e interesses pessoais, resultando em um aprendizado mais profundo e duradouro.

Em suma, é importante que o planejamento de propostas educativas respeite o tempo e o ritmo de cada criança, assim como valorize sua individualidade, promovendo um ambiente educativo que é inclusivo, criativo e estimulante. Dessa forma, as crianças têm a oportunidade de se desenvolver de maneira holística, adquirindo não apenas conhecimentos matemáticos, mas também habilidades essenciais para sua vida pessoal e social, preparando-as para os desafios futuros.

CAPÍTULO 5

ETNOMATEMÁTICA NO DIA A DIA DAS CRIANÇAS

Neste capítulo, abordaremos uma Situação Hipotética que trata da incorporação de vivências culturais com a matemática. Em seguida, demonstraremos como essas práticas podem ser transformadas em oportunidades pedagógicas. A partir desse cenário, disponibilizaremos uma proposta prático-reflexiva embasada na etnomatemática, propondo ideias de como integrar as experiências culturais das crianças ao desenvolvimento do pensamento matemático, tornando-o mais significativo e inclusivo.

SITUAÇÃO HIPOTÉTICA 5

Em uma turma de Educação Infantil, um(a) professor(a) conduziu atividades matemáticas utilizando um método tradicional, focado em formas geométricas e contagem. Em uma das atividades, as crianças foram instruídas a desenhar formas geométricas em folhas de papel e depois colori-las. Durante a atividade, uma criança mencionou: "Minha avó faz tapetes com essas formas em casa!". O(a) professor(a), ao ouvir o comentário, respondeu de forma breve: "Que legal! Agora, vamos continuar colorindo as formas como eu mostrei. Pode usar as cores do tapete da sua avó".

Em outro momento, o(a) professor(a) apresentou um jogo de tabuleiro tradicional, no qual as crianças precisavam avançar por um caminho numerado e acumular pontos ao longo do percurso. Durante o jogo, uma das crianças disse: "Eu jogo um jogo parecido em casa, mas a gente joga de outro jeito." O(a) professor(a) respondeu: "Entendi, mas, aqui na escola, jogamos assim, seguindo essas regras. Vamos ver quem consegue chegar ao final primeiro!".

Outra atividade envolvia a contagem de objetos em grupos. O(a) professor(a) pediu às crianças que contassem o número de blocos em uma pilha e, depois, comparassem com outra pilha ao lado. Uma delas comentou: "Meu pai conta os tijolos quando constrói as paredes da parte nova da nossa casa." O(a) professor(a), mantendo o foco na tarefa, disse: "Isso é muito interessante! Agora, vamos contar esses blocos aqui na sala."

As atividades continuaram conforme planejado, com foco no cumprimento das tarefas estabelecidas pelo(a) professor(a). Ele(a) mantinha as crianças concentradas no conteúdo específico que havia preparado, guiando as atividades para que todos completassem as atividades da forma esperada.

A etnomatemática é um campo de estudo que explora as diversas "matemáticas" presentes nas diferentes culturas ao redor do mundo. Ela propõe uma visão ampliada da área, reconhecendo-a como uma linguagem desenvolvida a partir das observações, técnicas e necessidades de cada sociedade ao longo do tempo. Essa abordagem busca valorizar e integrar os conhecimentos matemáticos originados em diferentes contextos culturais, em contraste com um contexto tradicionalmente eurocêntrico que muitas vezes domina a educação ocidental.

O conceito de etnomatemática foi cunhado pelo matemático brasileiro Ubiratan D'Ambrosio (2005), professor emérito da Universidade Estadual de Campinas (Unicamp), na década de 1960. Durante sua experiência docente em Mali, na África, ele observou como diferentes culturas possuíam sistemas matemáticos próprios, desenvolvidos para resolver problemas específicos de suas realidades. A experiência o levou a questionar por que essas outras formas de fazer matemático não eram reconhecidas e valorizadas no ambiente educacional formal.

A etnomatemática é importante para o desenvolvimento integral das crianças, incluindo as bem pequenas, pois promove o respeito à diversidade cultural e ao conhecimento. Desde cedo, ao serem expostas a diferentes formas de pensar e resolver situações, as crianças desenvolvem uma visão mais ampla e crítica do mundo. Isso as ajuda a compreender que o conhecimento não é único e que existem múltiplas maneiras de enxergar e interpretar a realidade.

Ao valorizar os saberes que as crianças trazem de suas famílias e comunidades, o(a) professor(a) fortalece a autoestima e identidade cultural delas, além de desenvolver o pensamento via etnomatemática. Quando a lógica e o pensamento matemático são contextualizados e relacionados às experiências vividas pelas crianças, eles se tornam mais significativos e acessíveis, facilitando o desenvolvimento de competências importantes, como o pensamento lógico, a resolução de problemas e a capacidade de abstração.

Além disso, ao incluir práticas culturais diversas no desenvolvimento do pensamento matemático, a etnomatemática contribui para a formação de indivíduos mais conscientes e sensíveis às diversidades, capazes de atuar de forma inclusiva e respeitosa em uma sociedade plural. Isso faz com que a educação deixe de ser entendida como uma transmissão de conteúdo para se tornar um processo de construção de saberes, que reconhece e valoriza as contribuições de todas as culturas na construção do conhecimento humano.

A ETNOMATEMÁTICA E A EDUCAÇÃO INFANTIL

A etnomatemática, enquanto abordagem pedagógica, propõe uma forma rica e contextualizada de desenvolver o pensamento matemático nas crianças, especialmente na Educação Infantil, quando seu desenvolvimento está intimamente ligado às suas experiências diárias, ao ambiente em que vivem e à cultura em que estão inseridas. Para nós, professores(as), é fundamental compreender que a etnomatemática, como premissa, não se trata de "ensinar" matemática, mas de reconhecer e valorizar os saberes que as crianças trazem de suas próprias vivências e de suas comunidades.

Desde cedo, começamos a interagir com o mundo ao nosso redor. Na Educação Infantil, a etnomatemática pode ser abordada ao explorar o ambiente imediato da criança, como a casa, o bairro e a escola. Uma proposta pedagógica inicial pode envolver passeios pelo entorno da escola, em que elas observam e registram elementos do seu cotidiano, como as formas das casas, a quantidade de árvores ou os tipos de pavimentação nas ruas. Durante esses momentos, elas desenvolvem conceitos matemáticos elementares, como contagem, reconhecimento de formas geométricas, comparação de tamanhos e noções espaciais.

Por exemplo, ao observar as diferentes casas do bairro, uma criança pode notar que elas têm telhados diferentes entre si. Esse tipo de observação abre caminho para discussões sobre formas geométricas, levando as crianças a perceberem que a matemática está presente em tudo ao seu redor. Mais do que isso, elas estão desenvolvendo habilidades de observação, categorização e comparação, fundamentais para o pensamento matemático.

Na etnomatemática, é importante integrar os saberes culturais das comunidades das crianças ao planejamento. Uma maneira de fazer isso é convidando familiares ou membros da comunidade para compartilhar seus conhecimentos. Por exemplo, um artesão local pode ser convidado para mostrar como faz seus trabalhos, utilizando padrões geométricos ou simetrias, sem a necessidade de nomear os conceitos que usa[6]. As crianças podem, então, criar suas próprias peças, aplicando conceitos matemáticos de forma prática e contextualizada.

Além disso, ao valorizar os conhecimentos culturais e locais, as crianças desenvolvem uma atitude de respeito e valorização da diversidade de saberes de onde elas vêm. Elas compreendem, desde cedo, que a matemática não é algo distante ou exclusivo do ambiente escolar, mas algo que está presente e é relevante na vida de todos.

Outra proposta pedagógica poderosa na etnomatemática é o uso de fábulas e histórias que envolvem situações a serem resolvidas. A tradição oral, em muitas culturas, como as africanas, utiliza narrativas para compartilhar conhecimentos, inclusive matemáticos. Uma proposta poderia envolver a contação de uma história que requer a resolução de uma situação simples, como determinar o número de passos necessários para um personagem atravessar um campo sem passar pelo mesmo lugar duas vezes.

Durante essa proposta, as crianças não só desenvolvem ideias de resolução de problemas e raciocínio lógico, como também mobilizam a compreensão e a sequência de eventos, aprendizagens importantes para o desenvol-

6. Padrões indígenas brasileiros apresentam formas geométricas inspiradas na natureza e, muitas vezes, ligadas à espiritualidade. Padrões africanos incluem formas geométricas e cores vibrantes, refletindo a ancestralidade e seus valores culturais.

vimento da linguagem. Ao final, elas podem reproduzir a história através de desenhos no chão, reforçando sua compreensão de geometria e espaço.

Os jogos tradicionais e as brincadeiras populares são outra excelente forma de tornar presente a etnomatemática na Educação Infantil. Jogos como a "mancala", originário de culturas africanas, podem ser adaptados para as crianças pequenas, utilizando materiais simples. Ao jogar, elas praticam habilidades de contagem, raciocínio estratégico e tomada de decisão.

Essas atividades lúdicas apoiam o desenvolvimento integral das crianças, pois, além de fomentar as habilidades matemáticas, elas promovem seu desenvolvimento social e emocional, como a capacidade de seguir regras, a cooperação e a empatia. Além disso, ao introduzir jogos de diferentes culturas, as crianças começam a compreender e valorizar a diversidade cultural desde cedo.

A etnomatemática também ocorre no resgate dos saberes familiares. Propor que as crianças conversem com as pessoas que moram com elas sobre como realizam tarefas cotidianas, como cozinhar, costurar ou construir, pode ser uma fonte rica de desenvolvimento matemático. Por exemplo, uma criança pode aprender com alguém de sua família como medir ingredientes para uma receita, o que envolve o conceito de medidas.

Essa abordagem enriquece o desenvolvimento de saberes e fortalece os laços familiares e a autoestima da criança, pois ela percebe que o conhecimento da sua família é valorizado na escola.

Implementar a etnomatemática na Educação Infantil é uma forma poderosa de promover o desenvolvimento integral, pois respeita e valoriza os contextos culturais e familiares. Ao explorar o ambiente, integrar saberes culturais, utilizar narrativas e jogos e resgatar conhecimentos familiares, as crianças desenvolvem não apenas conhecimentos, como também uma compreensão profunda da relevância da matemática em suas vidas. Mais do que isso, elas crescem aprendendo a valorizar a diversidade cultural, o que contribui para a formação de cidadãos críticos, respeitosos e conscientes.

APROFUNDANDO

As leis 10.639/2003 e 11.645/2008 são marcos importantes na educação brasileira, estabelecendo a obrigatoriedade do ensino da história e cultura afro-brasileira, africana e indígena nas instituições de ensino.

A Lei 10.639/03 alterou a Lei de Diretrizes e Bases da Educação Nacional (LDB) para incluir, no currículo oficial da rede de ensino, a obrigatoriedade da temática "História e Cultura Afro-Brasileira". Seu objetivo é reconhecer a importância da contribuição dos africanos e dos afro-brasileiros na formação da sociedade brasileira, promovendo o respeito e a valorização da diversidade étnico-racial.

Já a Lei 11.645/08 ampliou a 10.639/2003, acrescentando também a obrigatoriedade do ensino da "História e Cultura Indígena". Ela busca garantir que os alunos conheçam e valorizem a história e as contribuições dos povos indígenas na construção do país, combatendo preconceitos e promovendo uma educação inclusiva e plural.

No contexto da Educação Infantil, essas leis são fundamentais para a formação de uma base educativa que respeite e valorize a diversidade cultural desde os primeiros anos de vida. Ao incluir as histórias e as culturas afro-brasileira e indígena nas práticas pedagógicas, as escolas contribuem para a construção de identidades mais conscientes, críticas e inclusivas. As crianças aprendem a reconhecer e respeitar as diferenças, desenvolvendo empatia e combatendo preconceitos desde cedo. Isso também fortalece o sentimento de pertencimento e identidade de crianças que fazem parte desses grupos, promovendo uma educação mais justa e equitativa para todos.

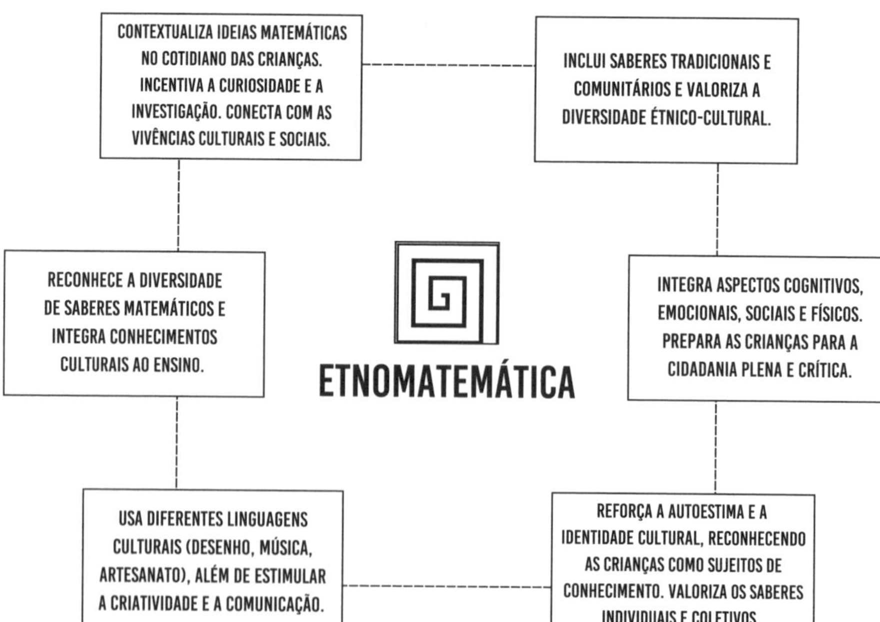

Figura 11 - Características da etnomatemática.

A ETNOMATEMÁTICA E A BNCC

A etnomatemática, como um campo de estudo que valoriza as diversas práticas matemáticas desenvolvidas em diferentes contextos culturais, tem um papel significativo na promoção do desenvolvimento integral, conforme os princípios estabelecidos pela BNCC.

O desenvolvimento integral, previsto no documento (BRASIL, 2018, p. 14), enfatiza a formação completa da criança, envolvendo aspectos cognitivos, emocionais, sociais e físicos, de maneira integrada e equilibrada. Nesse contexto, a etnomatemática surge como aliada, pois permite que ideias matemáticas sejam desenvolvidas de forma contextualizada, conectando saberes culturais e valorizando as experiências individuais e coletivas das crianças.

Um dos pilares da etnomatemática é a exploração de contextos culturais em que as práticas matemáticas ocorrem. Isso se alinha diretamente ao direito de explorar, garantido pela BNCC (BRASIL, 2018, p. 38), que incentiva que as crianças investiguem e interajam com o mundo ao seu redor. Através dessa prática, elas podem descobrir a matemática em suas atividades cotidianas, como em jogos tradicionais, formas de contagem e medidas utilizadas em suas comunidades. Essa exploração promove o desenvolvimento cognitivo ao permitir que as crianças construam conhecimentos a partir de suas experiências, enquanto se desenvolvem emocionalmente ao reconhecerem e valorizarem suas origens culturais.

O direito de participar, também previsto, é fortalecido por esta abordagem, que integra e valoriza os diversos saberes culturais nas práticas educativas. Ao incluir elementos que envolvem ideias matemáticas presentes nas tradições e práticas culturais das crianças, como os sistemas de numeração indígena ou os padrões geométricos em artesanatos afro-brasileiros, as escolas promovem uma educação inclusiva e participativa. Essas ações contribuem para o desenvolvimento social das crianças, criando um ambiente em que todas as culturas são respeitadas e valorizadas, incentivando a colaboração e o respeito mútuo entre os alunos.

A etnomatemática também expande o conceito de linguagem matemática, indo além dos números e símbolos, para incluir formas de expressão culturalmente significativas. Isso está alinhado ao direito de expressar-se (BRASIL, 2018, p. 38), que incentiva o uso de múltiplas linguagens na Educação Infantil. Através da etnomatemática, as crianças são encorajadas a se expressarem de maneiras que fazem sentido em seus contextos culturais, como através de desenhos, músicas, danças ou construções. Esse processo estimula o desenvolvimento cognitivo, criativo e comunicativo, permitindo que as crianças articulem suas ideias de forma complexa e significativa.

Outro aspecto fundamental do desenvolvimento integral, abordado pela BNCC (BRASIL, 2018, p. 38), é o direito de conhecer-se. A etnomatemática contribui de maneira poderosa para esse direito, ao permitir que as crianças se vejam como sujeitos de conhecimento, capazes de compreender e aplicar o desenvolvimento do seu pensamento matemático em suas vidas diárias. Ao vivenciarem práticas que refletem suas culturas e experiências, as crianças desenvolvem uma autoestima saudável e constroem uma identidade positiva em relação à sua aprendizagem. Esse processo é essencial para seu desenvolvimento emocional e cognitivo, pois elas aprendem a valorizar suas próprias capacidades enquanto respeitam e reconhecem os saberes de outras culturas.

Finalmente, a BNCC defende que o desenvolvimento infantil deve ser abordado de forma holística, considerando os aspectos cognitivos, emocionais, sociais e físicos de maneira interconectada (BRASIL, 2018, p. 14-15). A etnomatemática apoia essa visão ao oferecer uma abordagem educativa que respeita e valoriza a totalidade das experiências das crianças, conectando o aprendizado aos seus contextos culturais e sociais. Dessa forma, ela não só enriquece o desenvolvimento do pensamento matemático, mas também promove um desenvolvimento equilibrado e integral, preparando as crianças para se tornarem cidadãos críticos, conscientes e plenamente desenvolvidos em todos os aspectos de suas vidas.

ANÁLISE DA SITUAÇÃO HIPOTÉTICA 5

Ausência de valorização dos saberes culturais e comunitários

Na prática hipotética descrita, foi possível notar que as atividades matemáticas realizadas não incorporaram os saberes culturais e comunitários das crianças. As atividades eram baseadas predominantemente em métodos tradicionais, desconsiderando as contribuições culturais diversas que poderiam enriquecer o aprendizado. A etnomatemática, como proposta por Ubiratan D'Ambrosio (2005), destaca a importância de reconhecer e valorizar os diferentes sistemas matemáticos desenvolvidos por diversas culturas ao longo da história. E, segundo o campo de experiências "Eu, o outro e o nós", da BNCC, é necessário que esse ciclo de educação promova a compreensão e valorização da diversidade cultural e social:

> [...] Por sua vez, na Educação Infantil, é preciso criar oportunidades para que as crianças entrem em contato com outros grupos sociais e culturais, outros modos de vida, diferentes atitudes, técnicas e rituais de cuidados pessoais e do grupo, costumes, celebrações e narrativas. Nessas experiências, elas podem ampliar o modo de perceber a si mesmas e ao outro, valorizar sua identidade, respeitar os outros e reconhecer as diferenças que nos constituem como seres humanos. (BRASIL, 2018, p. 40)

Neste momento, perguntamos:

Como a incorporação dos saberes culturais e comunitários no desenvolvimento do pensamento matemático pode afetar a percepção da relevância e aplicabilidade do conhecimento matemático em suas vidas?

A incorporação dos saberes culturais e comunitários no desenvolvimento do pensamento matemático pode transformar a percepção sobre a relevância e a aplicabilidade do conhecimento na vida cotidiana. Quando as propostas são conectadas às culturas e realidades delas, o aprendizado torna-se mais significativo e contextualizado. As crianças começam a ver o desenvolvimento do seu pensamento matemático como uma ferramenta útil para resolver situações reais e interagir com o mundo ao seu redor. Esse vínculo entre o aprendizado escolar e a vida cotidiana aumenta o engajamento das crianças e reforça a importância da comunidade como um todo em suas vidas, promovendo um entendimento mais profundo e duradouro dos conceitos matemáticos.

A utilização de abordagens matemáticas unidimensionais

A prática pedagógica observada na Situação Hipotética 5 utilizou propostas matemáticas que seguiam uma abordagem unidimensional, predominante nos saberes "escolarizados", ou seja, centradas no conhecimento que o(a) professor(a) detinha. A etnomatemática, por sua vez, propõe a exploração de múltiplas formas de pensar e resolver situações matemáticas, valorizando diferentes perspectivas culturais. A BNCC reforça que a Educação Infantil deve promover a exploração de diferentes formas de pensamento e resolução de diferentes situações (BRASIL, 2018, p. 43). A presença de múltiplas abordagens no desenvolvimento de ideias matemáticas enriquece o aprendizado e auxilia as crianças a desenvolverem uma compreensão mais abrangente das ideias matemáticas. O movimento reflexivo que propomos é:

Como a introdução de múltiplas abordagens e perspectivas no desenvolvimento do pensamento matemático pode contribuir para habilidades de resolução de diferentes situações?

A introdução de múltiplas abordagens e perspectivas na abordagem de conhecimentos matemáticos enriquece o desenvolvimento, nas crianças, de diferentes habilidades – dentre elas, a de resolução de situações-problema. Permitir que as crianças explorem diversas estratégias e soluções possibilita que elas tenham acesso a diferentes formas de pensar e resolver situações. Esse enfoque promove uma compreensão mais profunda e abrangente dos conceitos matemáticos e estimula o pensamento crítico e a criatividade. Dessa forma, a diversidade de abordagens prepara as crianças para enfrentar uma ampla gama de desafios, desenvolvendo habilidades essenciais tanto para o sucesso acadêmico quanto para a vida cotidiana.

Falta de integração dos saberes práticos e cotidianos

A prática adotada na Situação Hipotética 5 não aproveitou as oportunidades contextuais para integrar os saberes práticos e cotidianos das crianças às propostas com lastro matemático preparadas pelo(a) professor(a) da Situação Hipotética 5. A etnomatemática, por outro lado, valoriza o conhecimento prático e cotidiano como uma fonte rica de aprendizado. A BNCC sugere que a educação deve partir do conhecimento prévio dos alunos e dos contextos de suas vidas (BRASIL, 2018, p. 39). Reconhecer e utilizar o conhecimento prático das crianças, adquirido em casa ou na comunidade, pode enriquecer o desenvolvimento da matemática e criar um ambiente de aprendizagem mais relevante e inclusivo. Perguntamos:

Como a valorização dos saberes práticos e cotidianos pode influenciar sua motivação e engajamento com o desenvolvimento do pensamento matemático?

Valorizando os saberes práticos e cotidianos, os(as) professores(as) podem aumentar significativamente a motivação e o engajamento das crianças com o desenvolvimento do pensamento matemático. Quando percebem que seus conhecimentos e habilidades estruturados fora da escola são reconhecidos e integrados nas atividades escolares, as crianças reconhecem que suas experiências são valorizadas e relevantes. Isso cria um ambiente de aprendizagem mais inclusivo e respeitoso, no qual as crianças estão mais motivadas a participar e explorar novas ideias. A conexão entre o aprendizado escolar e a vida cotidiana reforça a aplicabilidade prática do conhecimento matemático, tornando-o mais significativo e interessante para as crianças.

E, por fim, levantamos a questão:

Como você pode incorporar a etnomatemática em suas práticas pedagógicas para garantir que os saberes dos alunos sejam reconhecidos e valorizados, promovendo um aprendizado mais inclusivo e significativo na Educação Infantil?

Incorporar a etnomatemática em suas práticas pedagógicas envolve reconhecer e valorizar a diversidade cultural e os contextos de vida das crianças. Isso pode ser feito ao explorar e integrar os diferentes conhecimentos e práticas culturais que elas trazem de suas experiências. Adotar essa abordagem enriquece o ambiente de aprendizagem e torna o desenvolvimento mais relevante e engajador. Promover a etnomatemática conecta o aprendizado com suas realidades e experiências pessoais. Esse compromisso com a valorização dos diferentes saberes contribui para um ambiente educacional mais justo e inclusivo, preparando as crianças para uma compreensão mais ampla e crítica do mundo ao seu redor.

Vamos, agora, nos debruçar em outra proposta prático-reflexiva que visa reconhecer e valorizar a etnomatemática:

COLOCANDO A MÃO NA MASSA: PROPOSTA PRÁTICO-REFLEXIVA

Contexto Inicial:

Este planejamento visa integrar a etnomatemática na Educação Infantil, com foco na promoção da autonomia, do protagonismo e da brincadeira, enquanto valoriza e fomenta o desenvolvimento do pensamento matemático nas crianças. A proposta é explorar a diversidade cultural por meio de atividades práticas e contextualizadas, permitindo que as crianças vivenciem e valorizem diferentes formas de matemática presentes em suas comunidades e no mundo. As propostas estão organizadas para serem realizadas em diferentes dias, garantindo uma abordagem rica e diversificada.

Objetivos de aprendizagem e desenvolvimento:

(EI03EO06) Manifestar interesse e respeito por diferentes culturas e modos de vida.

(EI03TS02) Expressar-se livremente por meio de desenho, pintura, colagem, dobradura e escultura, criando produções bidimensionais e tridimensionais.

(EI03ET04) Registrar observações, manipulações e medidas, usando múltiplas linguagens (desenho, registro por números ou escrita espontânea), em diferentes suportes.

Etapa 1:

Introdução às ideias de etnomatemática.

Objetivos específicos da proposta:
Perceber que existem diversas formas de pensar matemática e introduzir a ideia de que os conhecimentos são culturalmente diversificados e que cada cultura tem suas próprias práticas.

Proposta:

- O(a) professor(a) começa com uma roda de conversa, na qual apresenta imagens e objetos representativos de diversas tradições culturais, como padrões em tecidos africanos, arte indígena e jogos tradicionais. Ele(a) faz uma apresentação visual, com slides ou cartazes, e traz amostras de artefatos culturais para mostrar como diferentes culturas usam seus conhecimentos de maneiras variadas. As imagens podem incluir padrões geométricos em tapeçarias, artefatos de cálculo e objetos tradicionais usados em práticas matemáticas.
- Após a apresentação, o(a) professor(a) propõe uma discussão interativa, perguntando às crianças se elas já viram padrões ou formas semelhantes em suas próprias casas ou comunidades. Ele(a) incentiva as crianças a compartilharem experiências pessoais, relacionando-as com os exemplos culturais apresentados. As respostas das crianças são discutidas para mostrar como os saberes são uma linguagem que varia entre culturas e contextos.
- A proposta continua com a criação de um mural coletivo em que as crianças dese-

nham e colam imagens ou desenhos de padrões e formas que encontraram ou criaram, baseando-se nas discussões realizadas. Essa ação permite que externalizem suas descobertas e visões sobre diferentes culturas. O(a) professor(a) orienta as crianças a refletirem sobre como esses padrões podem ser vistos em diferentes aspectos de suas vidas.

Etapa 2:
Exploração de jogos matemáticos culturais.

Objetivos específicos da proposta:
Desenvolver estratégias de contagem, cálculo e pensamento matemático, explorar uma forma tradicional do uso de conhecimentos culturais e discutir como o jogo reflete aspectos da cultura africana.

Proposta:

- Nesta etapa, a proposta se concentra no jogo tradicional africano Mancala, conhecido por suas habilidades de cálculo e pensamento estratégico. O(a) professor(a) inicia a atividade explicando a origem do jogo e como ele é jogado. Para isso, ele(a) utiliza um tabuleiro de Mancala construído com materiais simples, como caixas de papelão e pedras, e demonstra as regras básicas do jogo.
- Após a introdução, as crianças são organizadas em duplas e recebem seu próprio

tabuleiro e peças para jogar. O(a) professor(a) circula entre os grupos, observando as estratégias usadas pelas crianças e oferecendo orientações quando necessário. Ele(a) estimula a reflexão sobre as diferentes estratégias adotadas e as decisões envolvidas durante o jogo, como a contagem e a distribuição das peças.

- Durante a atividade, o(a) professor(a) promove uma discussão sobre como o Mancala reflete aspectos da cultura africana, destacando a importância do jogo na vida das comunidades e como ele representa uma forma de matemática cultural. As crianças são incentivadas a pensar sobre como o jogo pode ser comparado a outros jogos matemáticos que conhecem e a refletir sobre as diferenças e semelhanças.
- A conclusão da atividade envolve uma conversa sobre o que aprenderam com o jogo e como isso pode ser aplicado a outras situações. As crianças são convidadas a compartilhar suas estratégias e descobertas e o(a) professor(a) reforça a ideia de que os conhecimentos matemáticos podem ser explorados de maneiras criativas e culturalmente significativas.

Etapa 3:

Descoberta do pensamento matemático na arte local.

Objetivos específicos da proposta:
Identificar e criar padrões e formas geométricas e conectar o pensamento matemático com a expressão artística cultural.

Proposta:

- O(a) professor(a) começa com a apresentação de amostras de arte cultural que incluem padrões e formas geométricas, como tecidos e artesanatos de diferentes culturas.
- O(a) professor(a) expõe cartazes, imagens e amostras de artefatos, como roupas tradicionais e adornos. Ele(a) explica como esses padrões são criados e o significado cultural por trás deles, proporcionando uma base para a atividade de criação artística. Podem ser apresentados também padrões indígenas brasileiros e africanos.
- Após a apresentação, as crianças são convidadas a criar suas próprias obras de arte inspiradas nos padrões e formas observados. Elas podem usar materiais como papel colorido, lápis de cor, tintas e colagens para criar desenhos e pinturas. O(a) professor(a) incentiva as crianças a explorar e experimentar com diferentes formas e padrões, discutindo como suas criações se relacionam com as amostras culturais apresentadas.
- Durante o processo de criação, o(a) professor(a) circula e oferece suporte, fazendo perguntas motivadoras sobre as escolhas das crianças e como elas aplicam os conceitos de padrões e formas geométricas. A

atividade é enriquecida com uma discussão sobre como os conhecimentos matemáticos estão presentes na arte e como diferentes culturas os utilizam de maneiras distintas.

- Ao final, as crianças exibem suas obras de arte em uma galeria improvisada na sala de referência. Cada criança compartilha sua criação com os colegas e explica os padrões e formas que usou, conectando suas obras às amostras culturais discutidas. O(a) professor(a) reforça a importância de reconhecer a expressão artística cultural.

Etapa 4:
Exploração de contos e fábulas.

Objetivos específicos da proposta:
Desenvolver habilidades de resolução de situações-problema e raciocínio lógico e conectar saberes com a tradição oral e narrativa cultural.

Proposta:

- O(a) professor(a) lê fábulas de diferentes culturas, que incluem situações desafiadoras. As fábulas podem abordar diferentes temas de forma lúdica. A leitura é feita de maneira envolvente, com dramatizações e uso de recursos visuais para ilustrar a história.
- Após a leitura, as crianças discutem a história e resolvem as situações apresentadas, utilizando materiais manipulativos ou dife-

rentes registros. O(a) professor(a) orienta a proposta, ajudando as crianças a representarem a história e a encontrarem soluções criativas. O trabalho é feito em grupos, discutindo suas soluções e estratégias.

- Por fim, o(a) professor(a) promove uma discussão sobre as estratégias que usaram para resolver a proposta da fábula, explorando como os desafios são apresentados de forma culturalmente significativa.

Etapa 5:
Atividades de medição e cálculo no contexto familiar.

Objetivos específicos da proposta:
Aplicar conceitos de medição e cálculo em contextos reais e pessoais e valorizar os conhecimentos matemáticos práticos das famílias das crianças.

Proposta:

- As crianças são convidadas a entrevistarem seus familiares sobre como eles realizam medições e atividades que envolvem conhecimentos matemáticos em ações diárias, como construção ou preparação de alimentos. O(a) professor(a) orienta as crianças a elaborarem as perguntas.
- Após as entrevistas, as crianças trazem as informações coletadas para a sala de referência e compartilham com os colegas. Elas apresentam exemplos de como seus fami-

liares utilizam conhecimentos matemáticos em atividades diárias e discutem as semelhanças e diferenças entre as práticas familiares e escolares.

- Para finalizar, o(a) professor(a) cria com as crianças um mural coletivo com as informações e os exemplos trazidos pelas crianças. O(a) professor(a) estimula a discussão sobre como os conhecimentos são aplicados de diferentes maneiras e como essas práticas refletem aspectos culturais e pessoais.

Etapa 6:
Atividade ao ar livre: conhecimentos matemáticos no ambiente natural.

Objetivos específicos da proposta:
Identificar e criar padrões e formas geométricas com materiais naturais e relacionar ideias matemáticas com o ambiente natural e os saberes culturais sobre a natureza.

Proposta:

- As crianças exploram o ambiente natural ao redor da escola, coletando elementos como folhas, pedras e galhos. O(a) professor(a) orienta a proposta, discutindo como esses materiais podem ser usados para criar padrões e formas geométricas. Elas são incentivadas a observar os padrões naturais, como a simetria em folhas ou os padrões de arranjo de pedras.

- Depois de coletar os materiais, as crianças trabalham em grupos para criar representações com os elementos coletados. Elas criam padrões, formas geométricas e estruturas inspiradas na natureza. O(a) professor(a) circula entre os grupos, oferecendo suporte e discutindo o que elas observaram na natureza.
- Ao final, há uma apresentação dos trabalhos criados, em que compartilham suas criações e explicam como os padrões e formas observados na natureza foram incorporados em seus trabalhos. O(a) professor(a) destaca a importância de observar e valorizar o que observam no ambiente natural.

Etapa 7:
Exposição e compartilhamento de descobertas

Objetivos específicos da proposta:
Desenvolver habilidades de comunicação e apresentação de ideias e compartilhar e celebrar a diversidade de conhecimentos e práticas exploradas.

Proposta:
- As crianças montam uma exposição com os trabalhos realizados durante as etapas, incluindo jogos e brincadeiras criados, arte cultural e resultados das entrevistas familiares. O(a) professor(a) organiza a exposição na sala de referência ou em um espaço destinado para isso, onde as crianças podem exibir suas criações e projetos.

- Durante a exposição, cada grupo ou criança prepara uma apresentação sobre suas produções, explicando o que e como fizeram. As apresentações são feitas para os colegas e para os familiares convidados.
- A proposta inclui uma conversa final sobre a importância de compartilhar e celebrar as descobertas adquiridas.

Etapa 8:
Reflexão e avaliação.

Objetivos específicos da proposta:
Consolidar o entendimento dos conceitos explorados e reforçar a importância da valorização dos diferentes saberes e culturas.

Proposta:

- O(a) professor(a) conduz uma roda de conversa para refletir sobre as etapas como um todo. As crianças são convidadas a compartilhar o que aprenderam sobre a diversidade cultural. A reflexão é guiada por perguntas abertas que incentivam as crianças a expressarem suas ideias e sentimentos.
- A turma cria um livro coletivo, com resumos das principais descobertas das crianças. Cada uma contribui com uma página, destacando o que achou mais interessante e como a cultura foi explorada.
- Por fim, há uma avaliação do grupo, em que o(a) professor(a) e as crianças discutem o que funcionou bem e o que poderia ser melhorado em futuras propostas.

Este planejamento pedagógico, integrado da etnomatemática na Educação Infantil, oferece uma abordagem abrangente e diversificada ao conectar conceitos matemáticos com práticas culturais e contextos cotidianos. Desde a introdução de conceitos culturais e a exploração de jogos e brincadeiras até a criação artística, a construção e a análise de práticas familiares, cada etapa promove a autonomia e o protagonismo das crianças. As atividades ao ar livre e a reflexão final sobre as etapas permitem que as crianças desenvolvam uma compreensão profunda, ao mesmo tempo que valorizam a diversidade cultural e o ambiente natural.

CAPÍTULO 6

O PENSAMENTO MATEMÁTICO E AS EXPRESSÕES ARTÍSTICAS

Neste capítulo, exploraremos uma nova situação hipotética, agora sobre o uso de expressões artísticas para apoiar o desenvolvimento do pensamento matemático. Ao longo da fundamentação teórica e da análise crítica, demonstraremos como essas duas áreas podem ser interligadas de maneira fluida e significativa, finalizando o capítulo com uma proposta prático-reflexiva, com estratégias para utilizar diferentes formas de arte, como pintura, escultura e música, na exploração de ideias matemáticas com as crianças.

SITUAÇÃO HIPOTÉTICA 6

Durante uma aula na Educação Infantil, o(a) professor(a) planejou uma atividade artística em que as crianças explorariam diferentes formas geométricas utilizando papel colorido e tesoura. A proposta inicial era que cada uma cortasse e colasse as formas para criar um mural coletivo. Ao longo da atividade, o(a) professor(a) começou a focar na identificação e na contagem das formas, tentando evidenciar a presença da linguagem matemática na tarefa.

Ele(a) dizia: "Vamos contar quantos quadrados você cortou e quem conseguir cortar cinco quadrados primeiro ganha uma estrela no caderno." As crianças, que estavam inicialmente envolvidas no processo criativo de cortar e combinar as formas livremente, começaram a se concentrar em seguir as novas instruções do(a) professor(a). Em vez de escolherem as formas e cores de que gostavam, passaram a se preocupar em atender aos critérios de contagem e identificação propostos por ele(a).

Em outro momento, uma das crianças estava animada por ter criado uma figura complexa usando diferentes formas, então, o(a) professor(a) perguntou: "Quantos triângulos você usou para fazer isso? Vamos contar juntos." Embora a intenção fosse integrar conceitos matemáticos, a criança pareceu desanimada, pois sua criação, da qual estava muito orgulhosa, não havia sido vista.

Ao final da atividade, o mural, que deveria refletir a diversidade de criações das crianças, acabou sendo uma colagem de formas repetitivas, com pouca variação, pois as crianças estavam mais focadas em cumprir as tarefas matemáticas sugeridas pelo(a) professor(a) do que em explorar sua criatividade e expressão artística. O(a) professor(a) concluiu a aula pedindo às crianças que descrevessem suas criações em termos de quantidades e tipos de formas utilizadas, o que fez com que o aspecto artístico da atividade fosse deixado em segundo plano.

A arte na Educação Infantil desempenha um papel fundamental no desenvolvimento das crianças, oferecendo uma rica gama de oportunidades para a expressão criativa, o fortalecimento emocional e o desenvolvimento cognitivo. A arte, em suas diversas formas – música, pintura, dança, teatro –, é uma linguagem universal que transcende barreiras culturais e linguísticas, permitindo que as crianças se comuniquem de maneiras que as palavras muitas vezes não conseguem expressar. Para professores(as) de Educação Infantil, compreender a importância da arte no desenvolvimento infantil é essencial para criar ambientes de aprendizagem que sejam educativos e também envolventes e estimulantes.

A primeira grande contribuição da arte é a promoção da expressão individual e da criatividade. As crianças estão em uma fase de descoberta constante, em que o mundo ao seu redor é novo e cheio de possibilidades. Por meio da arte, elas têm a oportunidade de explorar essas possibilidades de maneira livre e sem julgamento. Quando uma criança pinta, desenha ou cria algo com suas próprias mãos, ela não está apenas expressando suas emoções e pensamentos, mas também desenvolvendo habilidades motoras finas e compreensão espacial. Além disso, o ato de criar arte ajuda as crianças a desenvolverem uma sensação de identidade e autoestima, pois elas veem o produto de sua criação como uma extensão de si mesmas.

A arte também desempenha um papel crucial no desenvolvimento emocional. Ao criar, as crianças têm a oportunidade de expressar sentimentos que muitas vezes não conseguem verbalizar. Isso é especialmente importante em uma fase da vida em que a linguagem verbal ainda está se desenvolvendo. Através da música, por exemplo, uma criança pode expressar alegria, tristeza, excitação ou tranquilidade. O mesmo acontece com a pintura e o desenho, cujas cores e formas escolhidas pela criança podem refletir seu estado emocional. Essa expressão emocional através da arte é essencial para o desenvolvimento de uma inteligência emocional saudável, que se traduz na capacidade de reconhecer, compreender e gerir as próprias emoções e as dos outros.

Outro aspecto vital da arte na Educação Infantil é o desenvolvimento cognitivo. Quando as crianças se envolvem em atividades artísticas, elas estão, na verdade, aprendendo a resolver problemas, a pensar de maneira crítica e a tomar decisões. Por exemplo, ao decidir qual cor usar em um desenho ou como estruturar uma escultura de argila, a criança está fazendo escolhas que exigem reflexão e julgamento. Além disso, a arte pode ser uma ferramenta poderosa para a introdução de conceitos e ideias matemáticas e científicas. Ao criar padrões em uma pintura ou medir materiais para uma construção, as crianças estão praticando habilidades que serão fundamentais para o seu aprendizado futuro em diversas áreas. A arte, portanto, não é apenas uma forma de expressão, mas também uma metodologia de ensino que integra diferentes saberes de maneira natural e intuitiva.

Atividades artísticas em grupo têm um impacto significativo no desenvolvimento social das crianças. Experiências, como a criação de um mural coletivo ou a participação em uma peça de teatro, ensinam às crianças a importância da colaboração, da comunicação e do respeito às ideias dos outros. Essas atividades promovem um senso de comunidade e pertencimento, ajudando as crianças a desenvolverem habilidades sociais que serão essenciais ao longo de suas vidas. Através da arte, as crianças aprendem a trabalhar em equipe, a compartilhar materiais e a valorizar as contribuições dos colegas, o que promove um ambiente de respeito mútuo e cooperação.

Há, também, um papel cultural significativo dentre os benefícios da arte: oferecer às crianças a oportunidade de conhecer e valorizar diferentes culturas e tradições. Por exemplo, ao explorar músicas, danças e artes visuais de diferentes partes do mundo, as crianças desenvolvem uma apreciação pela diversidade cultural e aprendem a valorizar as diferenças. Isso é especialmente importante em um mundo cada vez mais globalizado, em que a compreensão e o respeito pelas diferentes culturas são essenciais para a convivência pacífica.

Para os(as) professores(as) de Educação Infantil, é essencial integrar a arte ao seu planejamento de maneira intencional e significativa. Isso é, não apenas oferecendo atividades artísticas como uma forma de recreação, mas também como uma ferramenta pedagógica poderosa que pode enriquecer o aprendizado em todas as áreas. É importante que os(as) educadores(as) proporcionem um ambiente em que as crianças se sintam seguras para explorar e expressar suas ideias sem medo de julgamento. Os(as) professores(as) devem estar atentos às oportunidades de integrar a arte com outros conhecimentos, como os matemáticos, científicos, da linguagem e sociais, criando experiências de aprendizagem interdisciplinares que sejam ricas e envolventes.

A utilização de materiais diversos e não estruturados é outro ponto crucial para maximizar o potencial da arte no desenvolvimento infantil. Materiais como argila, tinta, papel, elementos naturais e até mesmo recicláveis oferecem às crianças uma ampla gama de possibilidades para explorar e criar. Esses materiais não só estimulam a criatividade, mas também permitem que as crianças experimentem diferentes texturas, formas e cores, o que é fundamental para o desenvolvimento sensorial.

DIFERENTES LINGUAGENS ARTÍSTICAS

As diferentes linguagens artísticas são formas distintas de expressão que permitem que as crianças explorem e comuniquem suas ideias, emoções e experiências. Na Educação Infantil, é importante apresentar essas linguagens de maneira acessível e lúdica, para que as crianças possam se envolver com a arte de forma criativa e significativa.

- **Artes visuais:** Envolvem a criação e apreciação de imagens e objetos visuais, como pinturas, desenhos e esculturas. Essas atividades ajudam as crianças a desenvolver habilidades motoras finas e a expressar sua criatividade. Tarsila do Amaral, conhecida por suas obras vibrantes, como *Abaporu*, e Candido Portinari, famoso por retratar temas sociais em obras, como *Os retirantes*, são exemplos de artistas.
- **Música:** É a arte de criar e organizar sons para formar melodias, ritmos e harmonias. A música estimula o desenvolvimento auditivo e rítmico das crianças, além de promover a coordenação e o senso de ritmo. Exemplos de artistas: Heitor Villa-Lobos, com suas composições que mesclam música clássica e popular, e Toquinho, conhecido por suas canções infantis, como "Aquarela".
- **Teatro:** Envolve contar histórias e expressar emoções através da atuação e do uso de recursos dramáticos. O teatro ajuda as crianças a desenvolver habilidades de linguagem, comunicação e empatia. Como exemplo, podemos citar Henrique Rodovalho, renomado coreógrafo e diretor, e Oswald de Andrade, conhecido por sua peça modernista *O rei da vela*.
- **Dança:** A expressão de sentimentos e narrativas por meio do movimento corporal. A dança promove o desenvolvimento motor, a expressão emocional e a consciência corporal das crianças. Ismael Ivo,

famoso por seu trabalho em dança contemporânea, e Mercedes Baptista, pioneira da dança afro-brasileira, são grandes referências nacionais.

- **Literatura:** A arte de criar e comunicar ideias por meio da palavra escrita ou falada, incluindo histórias e poesias. A literatura estimula o desenvolvimento da linguagem, da imaginação e do pensamento crítico. Exemplos de artistas: Ruth Rocha, autora de livros infantis como *Marcelo, marmelo, martelo*, e Ana Maria Machado, com seu vasto e qualificado universo literário.
- **Cinema e audiovisual:** A criação de narrativas e imagens em movimento que combinam som e imagem. O cinema e o audiovisual ajudam as crianças a compreender histórias, estimular a criatividade e explorar diferentes formas de expressão. Cao Hamburger, diretor brasileiro de filmes infantis como *O menino e o mundo*, é um grande exemplo.

A ARTE E O DESENVOLVIMENTO DO PENSAMENTO MATEMÁTICO

A arte desempenha um papel fundamental no desenvolvimento do pensamento matemático das crianças na Educação Infantil. Embora frequentemente sejam abordadas separadamente, a integração dessas áreas pode proporcionar um avanço significativo no desenvolvimento cognitivo e criativo das crianças pequenas.

As crianças, quando envolvidas em práticas artísticas, têm acesso a uma rica gama de experiências sensoriais essenciais para o desenvolvimento do pensamento matemático. Ao explorar cores, formas, texturas e padrões, as crianças se envolvem de maneira espontânea em atividades que estimulam a percepção espacial e a compreensão das propriedades geométricas. Por exemplo, quando pintam um quadro ou criam uma colagem, as crianças experimentam a composição e a organização de elementos visuais, o que promove a internalização de conceitos como simetria, forma e estrutura. Essas experiências são cruciais para o letramento matemático.

A arte colabora com o desenvolvimento de competências de categorizar e classificar, que são essenciais no pensamento matemático. Quando as crianças participam de atividades artísticas, elas frequentemente são estimuladas a agruparem materiais com base em suas características, como cor, forma ou medidas. Por exemplo, ao organizarem objetos por cor e tamanho para criar uma obra de arte, estão praticando habilidades de classificação que são fundamentais para o letramento matemático. Esse processo de categorizar e organizar informações é uma prática direta que reforça a capacidade de identificar padrões e fazer comparações, essenciais para a resolução de situações matemáticas.

A arte frequentemente envolve a criação e o reconhecimento de padrões, seja por meio de desenhos repetitivos, mosaicos ou padrões de coloração. Esses padrões visuais ajudam as crianças a compreenderem conceitos como repetição, simetria e progressão. A capacidade de identificar e criar padrões é uma habilidade crítica que se traduz em uma melhor compreensão de conceitos numéricos à medida que elas avançam na escolaridade.

A prática artística também encoraja a resolução criativa de situações-problema, um componente fundamental do pensamento matemático. Isso porque as crianças enfrentam desafios e precisam encontrar soluções criativas para completar suas obras, uma experiência paralela à resolução de situações matemáticas, em que é necessário "pensar fora da caixa" e explorar diferentes estratégias para encontrar uma solução. Por exemplo, ao construir uma escultura com materiais diversos, elas podem precisar ajustar sua abordagem para equilibrar os elementos, o que é semelhante a ajustar estratégias para resolver um problema matemático.

O desenvolvimento da coordenação motora fina e a percepção espacial, habilidades que são diretamente relevantes para o pensamento matemático, são potencializados pela arte. A coordenação motora fina desenvolvida contribui para a capacidade de trabalhar com ferramentas matemáticas, como lápis, régua e outros instrumentos.

A exploração da arte na Educação Infantil não apenas promove o desenvolvimento do pensamento matemático, mas também se entrelaça com diversas habilidades essenciais. Uma delas é a de comunicação e expressão: ao discutir suas criações artísticas e explicar suas escolhas, as crianças praticam a articulação de pensamentos complexos. Outra habilidade significativa é a de expressar ideias de formas variadas e criativas. A representação visual de informações pode ajudar na compreensão de conceitos abstratos e promover uma abordagem mais concreta e acessível para o aprendizado. Essa visualização é particularmente útil para crianças pequenas, que muitas vezes se beneficiam de representações visuais para entender conceitos complexos.

Tudo isso promove a motivação e o engajamento das crianças. Quando o desenvolvimento do pensamento matemático é integrado com práticas artísticas, as crianças se tornam mais interessadas e motivadas para explorar conceitos. Propostas artísticas tornam os conceitos mais tangíveis e relevantes, aumentando sua disposição para participar e se empenhar no aprendizado. Essa motivação é um fator crucial no desenvolvimento cognitivo e no aprendizado ao longo de toda a formação escolar.

A colaboração em projetos artísticos também contribui para o desenvolvimento de diversas competências. Trabalhar em grupo em atividades artísticas permite que as crianças compartilhem ideias e estratégias, o que pode levar à discussão e à resolução conjunta de problemas. Essa interação social é uma oportunidade para aplicar e discutir diferentes conceitos, promovendo um entendimento mais profundo através da colaboração e da troca de conhecimento.

O desenvolvimento do pensamento matemático pode ser significativamente potencializado através da exploração de diversas linguagens artísticas na Educação Infantil. Cada linguagem artística oferece oportunidades únicas para que as crianças compreendam e internalizem conceitos matemáticos de maneiras concretas e criativas.

INSPIRAÇÕES PARA A EXPLORAÇÃO DE DIFERENTES LINGUAGENS ARTÍSTICAS

ESCULTURA E MODELAGEM:

A escultura e a modelagem proporcionam uma experiência tridimensional que é vital para o desenvolvimento da percepção espacial e da compreensão de conceitos geométricos. Trabalhar com materiais como argila, massinha ou outros materiais moldáveis permite às crianças explorarem a volumetria e a estrutura dos objetos. A construção de formas tridimensionais ajuda a desenvolver ideias como volume, área de superfície e relações espaciais.

- **Aleijadinho (Antônio Francisco Lisboa):** Embora mais conhecido por sua arquitetura e escultura barroca, Aleijadinho, como se autointitulou o artista Antônio Francisco Lisboa, é um exemplo de como a modelagem pode ser usada para criar formas tridimensionais. As crianças podem criar suas próprias esculturas inspiradas nas obras de Aleijadinho, como as figuras esculpidas nas igrejas de Ouro Preto, utilizando materiais como argila ou massinha.
- **Lygia Clark:** Artista inovadora, Lygia Clark é famosa por suas obras interativas e experimentais que envolvem a manipulação de formas e texturas. As crianças podem ser inspiradas pelos Bichos de Clark, criando suas próprias esculturas tridimensionais com materiais diversos, como papel, argila

ou recicláveis. A artista também explorava conceitos como a transformação e a interação, que podem ser utilizados em atividades em que as crianças transformem suas criações e interagem com elas de formas diferentes.

MÚSICA E RITMO:

A música e o ritmo são linguagens artísticas que oferecem uma abordagem auditiva e rítmica para o desenvolvimento do pensamento matemático. A exploração de padrões rítmicos e a prática de diferentes tempos e batidas envolvem habilidades matemáticas, como a contagem, a sequenciação e a percepção de padrões repetitivos. A música proporciona uma maneira única de experimentar e compreender a ideia de sequência e tempo, conceitos fundamentais para o pensamento matemático.

- **Heitor Villa-Lobos:** Compositor brasileiro renomado, Villa-Lobos criou muitas obras que podem ser exploradas para ensinar ritmo e padrões musicais. Atividades podem incluir ouvir trechos de suas composições e criar padrões rítmicos inspirados em suas músicas. As crianças podem também criar suas próprias peças musicais, experimentando com diferentes ritmos e sons.
- **Olodum:** O famoso grupo de percussão baiano é conhecido por suas performances vibrantes e envolventes, que destacam a rica tradição musical do Brasil. Através do

Olodum, as crianças podem explorar ritmos e padrões musicais complexos, experimentando com diferentes batidas e sons. Propostas incluem construir instrumentos de percussão com materiais recicláveis e formar pequenas bandas para tocar ritmos inspirados pelo Olodum, ajudando a desenvolver a percepção rítmica.

DANÇA E MOVIMENTO:

A dança e o movimento oferecem uma abordagem dinâmica e corporal para o desenvolvimento do pensamento matemático. Através da dança, as crianças podem explorar conceitos espaciais e geométricos de maneira intuitiva e física. Movimentos corporais, como girar, saltar e deslocar-se no espaço, ajudam-nas a desenvolver a percepção espacial e a coordenação motora, que são cruciais para a compreensão de diferentes conceitos.

- **Grupo Corpo:** Esta companhia de dança brasileira é conhecida por suas coreografias que combinam elementos tradicionais e contemporâneos. As crianças podem assistir a trechos das apresentações do Grupo Corpo e criar movimentos de dança que imitam ou reinterpretam os padrões e formas vistos nas performances.
- **Zebrinha:** Conhecido por suas performances dinâmicas e interativas, Zebrinha é um artista que pode inspirar atividades de dança e movimento na Educação Infantil. As

crianças podem se engajar em propostas de movimento que imitam ou reinterpretam as coreografias de Zebrinha, explorando padrões e ritmos enquanto se movem. Por exemplo, podem criar uma coreografia coletiva baseada em temas e sequências de movimentos, promovendo a compreensão de conceitos espaciais e temporais.

A integração das artes no currículo da Educação Infantil enriquece a experiência de aprendizagem e promove uma compreensão mais profunda e significativa do pensamento matemático. Ao explorar essas diferentes linguagens artísticas, os(as) educadores(as) podem criar um ambiente de aprendizagem mais dinâmico e eficaz, estimulando o desenvolvimento do pensamento matemático e das habilidades cognitivas das crianças pequenas.

A ARTE, O DESENVOLVIMENTO DO PENSAMENTO MATEMÁTICO E A BNCC

A integração da arte no currículo da Educação Infantil é uma abordagem educativa em sintonia com as diretrizes da BNCC, que destacam a importância dos direitos de aprendizagem e desenvolvimento e enfatizam o campo de experiências "Traços, sons, cores e formas" (BRASIL, 2018, p. 41). A arte, em suas diversas expressões, oferece um rico contexto para a exploração e a compreensão de ideias matemáticas fundamentais ao proporcionar oportunidades para que as crianças explorem e experimentem conceitos, como formas, padrões e medidas, de maneira lúdica e prática. A criação artística demanda que as crianças envolvam o pensamento matemático de forma intuitiva e concreta. Por exemplo, ao criar uma pintura ou uma escultura, as crianças são desafiadas a considerar a organização espacial, a simetria e a repetição. Essas atividades, além de incentivarem a criatividade, também ajudam a consolidar ideias de maneira tão significativa quanto envolvente. A manipulação de materiais e a construção de formas durante o processo criativo permitem que as crianças experimentem conceitos como área, volume e medidas de maneira tangível.

Entre os objetivos de aprendizagem e desenvolvimento da BNCC estão o desenvolvimento do pensamento crítico e a capacidade de resolver problemas, ambos amplamente fomentados através da arte (BRASIL, 2018, p. 38). As propostas artísticas criam um ambiente de resolução de problemas, no qual as crianças exploram, experimentam e encontram soluções criativas. Esse processo estimula habilidades cognitivas importantes, como o raciocínio lógico e a capacidade de tomar decisões, e enfatiza a promoção da autonomia e da expressão pessoal.

O campo de experiências "Traços, sons, cores e formas" é fundamental para a integração da arte e do pensamento matemático. Esse campo oferece um contexto rico para explorar como diferentes linguagens artísticas podem apoiar o desenvolvimento de conceitos matemáticos. Ao desenhar e criar formas, as crianças experimentam a relação entre comprimento, largura e o conceito de área, desenvolvendo uma compreensão mais profunda das propriedades espaciais. Já a musicalidade e o ritmo podem ser utilizados para explorar e reproduzir padrões e sequências. A experimentação com diferentes instrumentos musicais e sons ajuda a aprofundar a compreensão dos conceitos de tempo e ritmo e oferece um contexto prático para a exploração de padrões. A exploração das cores e suas combinações oferece uma oportunidade para trabalhar conceitos, como proporcionalidade e classificação, ou experimentar diferentes esquemas de cores, reconhecendo padrões e relações entre elas. O uso de cores em propostas artísticas envolve a compreensão de conceitos como a combinação e a separação de quantidades. Além disso, a escolha e mistura de cores permite que as crianças explorem a ideia de proporcionalidade e a relação entre diferentes quantidades de cor.

ANÁLISE DA SITUAÇÃO HIPOTÉTICA 6

Tendo como base as discussões tratadas, retomamos a Situação Hipotética inicial para análise. Nela, foi possível observar que o(a) professor(a) tentou integrar a arte com o desenvolvimento do pensamento matemático em suas propostas educacionais para crianças da Educação Infantil. No entanto, foram identificados pontos de atenção que indicam a necessidade de uma reflexão mais profunda: (1) a falta de integração da arte e do pensamento matemático, (2) a baixa profundidade da exploração artística, (3) o desalinhamento das propostas com a BNCC, (4) a pouca interação e reflexão no desenvolvimento do pensamento crítico e (5) a necessidade de formação continuada e reflexiva. Esses pontos revelam a importância de não apenas rotular as propostas como matemáticas, mas de assegurar uma integração significativa e coerente entre os dois campos.

A integração da arte e o desenvolvimento do pensamento matemático

Na Situação Hipotética, o(a) professor(a) tentou incorporar conceitos matemáticos nas propostas artísticas, mas a forma como essa integração foi feita apresentou limitações significativas. A principal questão foi a tentativa de evidenciar ideias matemáticas nas propostas artísticas de maneira superficial, sem uma real articulação entre as ideias matemáticas e os processos artísticos. Em vez de explorar essas ideias de maneira integrada e significativa, as propostas pareciam estar apenas nominalmente relacionadas aos conceitos. Por exemplo, as atividades artísticas eram designadas como "matemáticas" por serem associadas a formas geométricas ou a contagem, sem realmente ser explorado como essas atividades poderiam promover uma compreensão mais profunda em um contexto artístico.

Essa superficialidade na integração é um ponto de atenção, porque a BNCC enfatiza a importância de uma formação integral e coerente, na qual a arte e o pensamento matemático não sejam apenas sobrepostos, mas sim interligados de forma profunda e significativa (BRASIL, 2018, p. 14-15). Quando a conexão é feita de maneira superficial, corre-se o risco de não proporcionar uma verdadeira oportunidade de explorar e compreender os conceitos matemáticos em contextos artísticos.

Assim, é importante sempre se perguntar:

> Como posso garantir que as propostas artísticas ofereçam oportunidades reais para o desenvolvimento do pensamento matemático, em vez de simplesmente rotular as propostas como "matemáticas"?

Para garantir uma integração autêntica, é essencial que as propostas artísticas estejam fundamentadas em conceitos matemáticos e que eles sejam explorados de maneira prática e contextualizada, não necessitando ser explícitas para as crianças. Em vez de rotular as propostas como matemáticas, o(a) educador(a) deve buscar formas de incorporar conceitos matemáticos de maneira que sejam naturalmente parte do processo artístico. Por exemplo, ao invés de apenas discutir formas geométricas, uma proposta poderia envolver a criação de padrões complexos e a resolução de situações associadas a esses padrões. Isso promove uma exploração mais profunda e significativa dos conceitos e integra a arte e o pensamento matemático de maneira mais efetiva. Adotar uma abordagem baseada em problemas reais e exploratórios pode ajudar as crianças a perceberem a área matemática como uma ferramenta útil e prática dentro do contexto artístico.

A profundidade da exploração artística

O(a) professor(a) apresentou conceitos matemáticos nas propostas artísticas, mas a profundidade da exploração desses conceitos foi limitada. Embora tenha havido a tentativa de integração dos campos, a exploração dos conceitos não foi desenvolvida o suficiente para proporcionar uma compreensão significativa. As propostas abordaram conceitos matemáticos de maneira isolada, sem oferecer às crianças a oportunidade de explorar esses conceitos de maneira profunda.

A BNCC (BRASIL, 2018) destaca a importância de proporcionar experiências educacionais que não apenas introduzam conceitos, mas também permitam uma exploração significativa e crítica desses conceitos. Quando a exploração é superficial, as crianças podem não ter a oportunidade de desenvolver uma compreensão sólida e integrada de qualquer conceito. Por exemplo, ao explorar padrões, uma abordagem mais profunda poderia incluir a identificação e a criação de padrões complexos e a análise de como esses padrões podem ser aplicados em diferentes contextos artísticos. Essa profundidade é crucial para que as crianças possam construir o pensamento matemático, que será fundamental para o seu desenvolvimento futuro.

Por isso, é importante refletir:

Quais estratégias podem ser utilizadas para assegurar que as propostas artísticas não apenas introduzam conceitos matemáticos, mas também permitam uma exploração profunda e significativa desses conceitos?

Para aprofundar a exploração de ideias matemáticas, os(as) educadores(as) devem adotar abordagens que incentivem a resolução de situações reais e a aplicação prática dos conceitos. Isso pode incluir a criação de projetos artísticos que envolvam a medição de espaços, a exploração de simetria ou a criação de padrões. Além disso, promover discussões abertas e reflexivas sobre como os conceitos são utilizados nas propostas artísticas pode ajudar as crianças a compreender melhor e aplicar esses conceitos de maneira mais significativa. Adotar uma abordagem de investigação e resolução de problemas pode promover um envolvimento mais profundo e significativo com os conceitos que se deseja desenvolver.

A conexão com o campo de experiências "Traços, sons, cores e formas"

O(a) professor(a) tentou alinhar suas propostas artísticas com o campo de experiências "Traços, sons, cores e formas" da BNCC, mas a eficácia dessa integração foi limitada. Esse campo de experiências orienta como a arte e o pensamento matemático podem se relacionar de forma coesa e a falta de uma conexão mais significativa pode ter comprometido o desenvolvimento do pensamento matemático. A BNCC (BRASIL, 2018, p. 41) propõe que o campo deve ser utilizado para explorar as relações entre as formas de expressão artística e as ideias matemáticas, permitindo que as crianças desenvolvam uma compreensão integrada e significativa desses conceitos.

O ponto crítico é que as propostas artísticas precisam ser desenvolvidas de forma a realmente explorar as interseções entre arte e o pensamento matemático, utilizando o campo de experiências como um guia para essa integração. A falta de uma conexão significativa pode levar a uma abordagem fragmentada, reiterando o estigma de áreas separadas. É primordial que as propostas artísticas permitam uma exploração das formas, cores e padrões de maneira que favoreça a compreensão dos conceitos matemáticos e vice-versa.

Como você pode alinhar suas propostas artísticas com o campo de experiências "Traços, sons, cores e formas" da BNCC para garantir que a arte e o pensamento matemático se desenvolvam de maneira coesa?

Para melhorar o alinhamento com esse campo de experiência, as propostas artísticas devem ser desenhadas de forma a explorar conceitos de maneira natural e integrada. Por exemplo, ao trabalhar com "traços", as crianças podem investigar a criação de padrões e sequências. Com "cores", elas podem explorar combinações e proporções matemáticas. Com "formas", podem se aprofundar em geometria e simetria. Por fim, ao incorporar os "sons" e "ritmos" do outro campo, podem descobrir padrões e sequências numéricas. Essa abordagem integrada não só promove uma compreensão mais rica, mas também enriquece a experiência das crianças.

O papel da interação e da reflexão

Na Situação Hipotética 6, o(a) professor(a) fez tentativas de promover discussões sobre os aspectos matemáticos das propostas artísticas, mas essas discussões não foram suficientemente aprofundadas. A BNCC ressalta a importância da reflexão e da interação no desenvolvimento do pensamento crítico e na promoção de uma compreensão mais profunda dos conceitos, pois eles são fundamentais para ajudar as crianças a articularem suas ideias e compreenderem como os conceitos podem se relacionar com os processos artísticos (BRASIL, 2018, p. 37).

A falta de uma discussão mais aprofundada pode ter limitado o desenvolvimento de um entendimento mais crítico. A BNCC (BRASIL, 2018) enfatiza que a reflexão sobre o processo de aprendizagem deve ser uma parte central da educação, permitindo que as crianças façam conexões entre suas experiências e o conhecimento que estão construindo. Promover uma reflexão mais profunda e aberta sobre o processo artístico e matemático pode ajudar a desenvolver uma compreensão mais rica e integrada dos conceitos, além de fomentar o pensamento crítico e a capacidade de resolução de problemas.

Por isso, pergunte-se sempre:

> De que maneira a interação e a reflexão sobre o processo artístico e matemático podem ser promovidas para aprofundar o desenvolvimento do pensamento matemático?

Promover a interação e a reflexão é essencial para aprofundar o desenvolvimento do pensamento matemático. Criar momentos para que as crianças discutam suas descobertas, compartilhem estratégias e reflitam sobre como os conceitos são aplicados nas suas criações artísticas pode enriquecer a experiência de aprendizagem. Além disso, o uso de perguntas abertas e discussões guiadas pode ajudar as crianças a explorar e articular suas compreensões de maneira mais profunda. A reflexão contínua sobre o processo permite que as crianças desenvolvam uma compreensão mais crítica e integrada, o que é fundamental para o desenvolvimento do pensamento matemático.

A necessidade de formação continuada e reflexiva

Embora o(a) professor(a), na Situação Hipotética 6, tenha demonstrado esforço para integrar a arte e o pensamento matemático, é evidente que uma formação contínua e reflexiva poderia beneficiar significativamente sua prática pedagógica. A BNCC destaca a importância da formação contínua para a melhoria das práticas pedagógicas e para garantir uma integração eficaz entre os diferentes campos do conhecimento (BRASIL, 2018, p.17). A formação continuada permite que os(as) educadores(as) atualizem suas práticas, adquiram novas competências e aprimorem suas abordagens de ensino, o que é crucial para seu desenvolvimento profissional.

A necessidade de uma formação continuada é um ponto de atenção, porque a integração efetiva entre a arte e o pensamento matemático requer um conhecimento aprofundado de ambos os campos e de como eles podem interagir de forma significativa. Sem uma formação adequada, os(as) educadores(as) podem enfrentar dificuldades para criar propostas que realmente integrem esses campos de maneira coesa e eficaz. A formação contínua proporciona aos(às) educadores(as) as ferramentas e o conhecimento necessários para aprimorar suas práticas e garantir que as propostas oferecidas às crianças sejam verdadeiramente enriquecedoras e integradas.

Como você pode se engajar em um processo contínuo de formação e reflexão sobre a prática pedagógica para melhorar sua prática?

Engajar-se em um processo contínuo de formação e reflexão é crucial para aprimorar a prática pedagógica. Participar de cursos de desenvolvimento profissional, estudar novas metodologias e refletir sobre a eficácia das propostas podem oferecer novas perspectivas e estratégias. Colaborar com outros(as) educadores(as) e compartilhar experiências também pode proporcionar reflexões valiosas para melhorar a prática. A autoavaliação e a busca por devolutiva são essenciais para ajustar e melhorar as práticas pedagógicas, garantindo que as propostas sejam mais eficazes na atuação na escola. Esse processo contínuo de aprendizagem e adaptação contribui para uma prática pedagógica mais eficaz e enriquecedora, promovendo uma educação mais integrada e envolvente para as crianças.

Findadas as reflexões, apresentamos algumas práticas para a integração da arte com o objetivo de desenvolver o pensamento matemático nas crianças:

COLOCANDO A MÃO NA MASSA: PROPOSTA PRÁTICO-REFLEXIVA

Contexto inicial:

A proposta de planejamento visa integrar a arte e o desenvolvimento do pensamento matemático, utilizando as diferentes linguagens artísticas para explorar e aprofundar diferentes conceitos.

Objetivos de aprendizagem e desenvolvimento:

(EI03EO06) Manifestar interesse e respeito por diferentes culturas e modos de vida.

(EI03CG01) Criar com o corpo formas diversificadas de expressão de sentimentos, sensações e emoções, tanto nas situações do cotidiano quanto em brincadeiras, dança, teatro, música.

(EI02CG05) Desenvolver progressivamente as habilidades manuais, adquirindo controle para desenhar, pintar, rasgar, folhear, entre outros.
(EI02TS02) Utilizar materiais variados com possibilidades de manipulação (argila, massa de modelar), explorando cores, texturas, superfícies, planos, formas e volumes ao criar objetos tridimensionais.
(EI03TS01) Utilizar sons produzidos por materiais, objetos e instrumentos musicais durante brincadeiras de faz de conta, encenações, criações musicais, festas.
(EI03ET05) Classificar objetos e figuras de acordo com suas semelhanças e diferenças.

Etapa 1:
Explorando formas geométricas com Tarsila do Amaral.

Objetivo específico da proposta:
Desenvolver a percepção de formas geométricas e cores, promovendo o reconhecimento e a categorização de elementos visuais.

Proposta:
Neste primeiro dia, o(a) professor(a) quer apresentar às crianças o trabalho de Tarsila do Amaral, com foco nas formas geométricas presentes em suas obras. Tarsila é conhecida por suas representações vibrantes e geométricas do mundo, como visto em obras como *Abaporu*. A atividade consistirá em observar e discutir as formas e cores das pinturas da artista.

- Tudo começa com uma roda de conversa na qual as crianças observam reproduções das obras de Tarsila. O(a) professor(a) destaca as formas geométricas, como círculos, triângulos e quadrados, presentes nas pinturas, sempre incentivando o compartilhamento das observações.
- Em seguida, as crianças são convidadas a criar suas próprias obras inspiradas nas formas geométricas vistas nas pinturas de Tarsila. O(a) professor(a) oferece a elas materiais diversos, como papel colorido, tesoura e cola, para recortar e colar formas, formando novas composições.
- Durante a atividade de criação, o(a) professor(a) incentiva as crianças a refletirem sobre as formas que estão utilizando e a relacioná-las com as obras de Tarsila. A reflexão será realizada por meio de perguntas como "que formas você usou na sua colagem?" e "como essas formas se parecem com as da pintura de Tarsila?".
- Ao final da atividade, as criações são expostas e as crianças têm a oportunidade de compartilhar suas obras com os colegas. O(a) professor(a) promove uma discussão sobre como as formas geométricas foram utilizadas e como elas podem ser vistas em diferentes contextos.

Etapa 2:

Padrões e sequências com Lygia Clark.

Objetivo específico da proposta:
Compreender conceitos de volume e espaço, promovendo a coordenação motora fina e a habilidade de criar formas tridimensionais.

Proposta:
Nesta segunda etapa, as crianças exploram padrões e sequências utilizando o trabalho de Lygia Clark, conhecida por suas obras interativas e experimentais. A atividade se concentra na criação de padrões e sequências, utilizando materiais manipuláveis inspirados nas esculturas e experiências sensoriais de Clark.

- O(a) professor(a) apresenta imagens e descrições das obras de Lygia Clark, enfatizando como a artista usa formas e padrões para criar experiências interativas. As crianças são encorajadas a observar e discutir como os padrões são formados nas esculturas de Clark.
- As crianças são convidadas a criar seus próprios padrões, usando blocos de construção, peças de encaixar e outros materiais manipuláveis. Elas experimentam a formação de sequências simples, por exemplo, alternando cores e formas, e são incentivadas a criar padrões que se repitam de forma regular.
- Para aprofundar a experiência, o(a) professor(a) proporciona materiais táteis e interativos que imitam as obras de Clark. As crianças exploram esses materiais e discutem como diferentes padrões podem ser sentidos e manipulados.

- Após a criação, as crianças compartilham seus padrões e sequências com os colegas. O(a) professor(a) promove uma reflexão sobre como os padrões foram criados e como eles se assemelham àqueles observados nas obras de Clark. A reflexão inclui perguntas sobre o que foi mais interessante e como as sequências foram formadas.

Etapa 3:
Medidas e proporções com o Olodum.

Objetivo específico da proposta:
Desenvolver a noção de ritmo e sequência, estimulando a capacidade de identificar e criar padrões sonoros.

Proposta:
Nesta terceira etapa, a proposta se concentra no uso da música e do ritmo do grupo Olodum, para explorar medidas e proporções. A atividade permite às crianças experimentarem diferentes ritmos e padrões de batidas, relacionando esses conceitos com o pensamento matemático.

- O(a) professor(a) apresenta o grupo Olodum e discute como o ritmo e a batida são essenciais em suas músicas. As crianças ouvem trechos das músicas e observam como os ritmos podem ser organizados em padrões e sequências.
- As crianças participam de uma atividade prática, em que elas criam seus próprios ritmos

usando instrumentos simples, como tambores e pandeiros ou outros objetos que possam emitir sons. Elas experimentam diferentes padrões de batida, observando como os ritmos podem ser organizados em sequências.

- Durante a atividade musical, o(a) professor(a) ajuda as crianças na criação de ritmos com diferentes durações e proporções, como batidas rápidas e lentas. As crianças experimentam como diferentes medidas de tempo podem ser usadas para criar padrões rítmicos.
- Após a criação dos ritmos, as crianças são convidadas pelo(a) professor(a) a refletirem sobre como os padrões de batida se relacionam com medidas e proporções.

Etapa 4:
Exploração de texturas e formas com a arte de Beatriz Milhazes.

Objetivo específico da proposta:
Explorar texturas e formas com o uso de colagens.

Proposta:
As crianças exploram texturas e formas através das obras de Beatriz Milhazes, conhecida por seus trabalhos vibrantes e texturizados. A atividade envolve a criação de colagens que incorporam diferentes texturas e formas, ajudando as crianças a entender conceitos matemáticos de forma tátil e visual.

- O(a) professor(a) apresenta as obras de Beatriz Milhazes e destaca a variedade de formas e texturas em seus trabalhos. As crianças observam as obras e discutem como as texturas e formas são utilizadas para criar efeitos visuais.
- As crianças são convidadas a criar suas próprias colagens, utilizando uma variedade de materiais com diferentes texturas, como papéis de diferentes superfícies, tecidos e outros materiais táteis. Elas são incentivadas a explorar como diferentes formas e texturas podem ser combinadas.
- O(a) professor(a) conversa com as crianças durante a exploração de como as formas e texturas podem ser organizadas e agrupadas. As crianças experimentam a formação de padrões e a identificação de relações entre as diferentes texturas e formas.
- Após a criação das colagens, as crianças compartilham suas obras e discutem como as texturas e formas foram usadas. A reflexão inclui uma análise de como diferentes formas e texturas podem ser relacionadas e como isso se conecta com conceitos matemáticos, como a identificação e classificação de formas.

Etapa 5:
Geometria e simetria com Lygia Pape.

Objetivo específico da proposta:
Explorar e aplicar conceitos de geometria na criação artística.

Proposta:

Nesta quinta etapa, o(a) professor(a) aborda a exploração da geometria através das obras de Lygia Pape, conhecida por suas instalações e obras interativas que exploram formas geométricas e padrões. As crianças criam suas próprias obras, utilizando conceitos de geometria inspirados nas criações de Pape.

- O(a) professor(a) começa apresentando as obras de Lygia Pape, com ênfase nas suas instalações e obras que utilizam formas geométricas e padrões. A discussão inclui a análise de como Pape usa a geometria em suas criações para criar experiências visuais e táteis. As crianças observam imagens de obras como *Livro do tempo* e *Tecelar*, que utilizam diferentes formas e padrões.
- As crianças são convidadas a criar suas próprias obras, inspiradas nas formas e padrões vistos nas obras de Lygia Pape. Utilizando materiais como papéis coloridos, tecidos e formas recortadas, elas criarão colagens e estruturas que incorporam conceitos de geometria. O(a) professor(a) incentiva a construção de formas geométricas básicas e padrões, motivando a experimentação e a criatividade.
- Durante a atividade, o(a) professor(a) orienta as crianças na identificação e construção de padrões e uso da geometria. As crianças experimentam a criação de formas geométricas simples e exploram como essas formas

podem ser combinadas e repetidas para formar padrões. O(a) professor(a) ajuda as crianças a observarem e discutirem como a geometria foi usada em suas criações, promovendo a compreensão desses conceitos.

- Após a criação, as crianças compartilham suas obras e refletem sobre como usaram a geometria em seus trabalhos. A discussão inclui uma análise de como esses conceitos foram aplicados e como eles se relacionam com o trabalho de Lygia Pape. O(a) professor(a) incentiva as crianças a expressarem como se sentiram ao usar geometria em suas obras, promovendo uma compreensão mais profunda dos conceitos explorados.

Etapa 6:
Quantidade e proporção com Zebrinha.

Objetivo específico da proposta:
Compreender conceitos de simetria e padrões através do movimento, promovendo a coordenação motora e a expressão corporal.

Proposta:
Nesta etapa, as crianças exploram conceitos de quantidade e proporção através da dança e do movimento, com a inspiração do artista Zebrinha. Ele é conhecido por suas coreografias envolventes e dinâmicas, que podem ser usadas para explorar noções matemáticas de forma lúdica.

- O(a) professor(a) apresenta vídeos e explicações sobre as coreografias de Zebrinha, destacando como ele usa movimentos e padrões na dança. As crianças discutem como diferentes movimentos e formas podem ser organizados em sequências.
- As crianças são convidadas a criar suas próprias sequências de movimento, inspiradas nas coreografias de Zebrinha. Elas experimentam com diferentes quantidades de passos e padrões de movimento, explorando conceitos de quantidade e proporção.
- O(a) professor(a) orienta as crianças com uma análise de como as sequências de movimento podem ser divididas e organizadas em partes iguais e diferentes. As crianças experimentam a relação entre diferentes movimentos e proporções.
- Após a criação das sequências, as crianças compartilham e praticam seus movimentos. A reflexão inclui uma análise de como a quantidade e a proporção foram utilizadas na dança e como esses conceitos foram aplicados.

Etapa 7:
Explorando espaço e dimensão com Vik Muniz.

Objetivo específico da proposta:
Compreender conceitos de composição e padrões visuais através da fotografia, promovendo a observação e a análise visual.

Proposta:

A proposta envolve a exploração de espaço e dimensão através das obras de Vik Muniz, conhecido por suas criações que utilizam materiais diversos para criar imagens tridimensionais. As crianças são incentivadas a explorar como diferentes materiais podem ser usados para criar representações espaciais.

- O(a) professor(a) apresenta as obras de Vik Muniz e conversa com as crianças sobre como ele usa materiais para criar representações espaciais e tridimensionais. Elas observam as diferentes maneiras como Muniz explora o espaço e a dimensão em suas obras.
- As crianças são convidadas a criar suas próprias obras, usando materiais diversos, como papelão, tecidos e outros itens recicláveis, para formar representações espaciais. Elas experimentam a construção de formas e estruturas tridimensionais.
- O(a) professor(a) guia as crianças na exploração de conceitos relacionados a espaço e dimensão, como volume e profundidade. As crianças identificam e discutem como esses conceitos podem ser representados e manipulados em suas criações.
- Após a criação, as crianças compartilham suas obras e refletem sobre como o espaço e a dimensão foram explorados.

Etapa 8:

Exploração de cores e formas com Hélio Oiticica.

Objetivo específico da proposta:
Desenvolver a compreensão de combinação e estrutura através da colagem, promovendo a exploração de padrões e texturas.

Proposta:
As crianças exploram cores e formas através das obras de Hélio Oiticica, conhecido por suas criações inovadoras e interativas. A atividade permite às crianças experimentar com cores e formas em um ambiente de aprendizado envolvente e dinâmico.

- O(a) professor(a) apresenta as obras de Hélio Oiticica, destacando como ele usa cores e formas para criar experiências interativas e imersivas. As crianças observam e discutem como as cores e formas são utilizadas nas obras de Oiticica.
- As crianças são convidadas a criar suas próprias obras, usando uma variedade de cores e formas, inspiradas nas criações de Oiticica. Elas experimentam diferentes combinações de cores e formas para criar composições visuais.
- O(a) professor(a) conversa com as crianças sobre a exploração de conceitos matemáticos relacionados a cores e formas, como a combinação e organização de cores e a formação de padrões geométricos. As crianças identificam como essas combinações podem ser organizadas e analisadas.
- Após a criação, as crianças compartilham suas obras e refletem sobre como as cores

e formas foram usadas. A discussão inclui uma análise de como os conceitos foram aplicados na criação e como isso se relaciona com o trabalho de Hélio Oiticica.

Esta abordagem de planejamento visa criar uma experiência rica e diversificada para as crianças, integrando a arte e o pensamento matemático de maneira envolvente e significativa. Cada etapa é projetada para promover a autonomia, o protagonismo e a exploração criativa, proporcionando oportunidades para as crianças desenvolverem suas habilidades matemáticas através de diferentes linguagens artísticas.

E POR FIM... OLHAMOS PARA O INÍCIO

O desenvolvimento do pensamento matemático nas crianças da Educação Infantil é um processo multifacetado e fundamental, que ultrapassa o aprendizado básico de números e operações. Envolve uma ampla gama de competências cognitivas, como a capacidade de reconhecer e criar padrões, compreender e manipular relações espaciais e temporais, resolver situações de maneira criativa e estabelecer conexões significativas entre diferentes conceitos e experiências. Contudo, esse desenvolvimento não ocorre de forma espontânea: é necessário um planejamento pedagógico intencional e criterioso por parte dos(as) educadores(as), que leve em consideração a criança em sua totalidade e em pleno processo de formação de suas capacidades cognitivas, sociais e emocionais.

A arte se destaca como uma ferramenta potente no desenvolvimento do pensamento matemático. Ao envolver as crianças em diferentes linguagens artísticas, como pintura, escultura, música e dança, os(as) professores(as) podem promover o desenvolvimento de conceitos matemáticos de maneira lúdica e engajante. Por exemplo, as ideias geométricas podem ser exploradas através de propostas que envolvam a criação de formas nas obras de arte, enquanto a compreensão de proporções e simetrias pode ser aprofundada pela observação e criação de obras que envolvam esses conceitos. Além disso, a contagem e o reconhecimento de padrões são naturalmente incorporados nas atividades artísticas, permitindo que as crianças internalizem conhecimentos matemáticos enquanto expressam sua criatividade.

É importante ressaltar que a arte, embora seja uma aliada valiosa, deve ser vista dentro de um contexto mais amplo de estratégias para promover o pensamento matemático. O desenvolvimento do conceito de número, por exemplo, é central nesse processo e começa a se formar cedo, a partir das interações cotidianas que as crianças têm com o mundo ao seu redor. Jogos e brincadeiras são metodologias altamente eficazes nesse contexto. Brincadeiras de contagem, por exemplo, desenvolvem o sentido numérico, ou seja, a capacidade da criança perceber e entender números em diversas situações. Jogos que envolvem comparação de quantidades, classificação de objetos por tamanho, forma ou cor e resolução de problemas proporcionam às crianças oportunidades valiosas de construir uma base sólida para o pensamento matemático.

Os materiais manipulativos e não estruturados desempenham um papel essencial nesse processo. Blocos de construção, elementos naturais como pedras e folhas e objetos do cotidiano permitem que as crianças explorem ideias matemáticas de maneira prática e concreta. Ao manipular esses materiais, elas não apenas aprimoram habilidades motoras finas, mas também começam a entender a relação entre os objetos, a explorar conceitos como volume, peso e espaço e a experimentar a criação de padrões e sequências. Essas experiências são cruciais para que, posteriormente, as crianças possam abstrair esses conceitos e aplicá-los em situações mais complexas.

A literatura é outra ferramenta poderosa para o desenvolvimento do pensamento matemático na Educação Infantil. Livros podem ser uma excelente maneira de promover momentos de argumentação e desenvolvimento de estratégias para determinadas situações. Quando as crianças têm a oportunidade de ouvir histórias que apresentam situações a serem resolvidas, elas percebem que os conceitos matemáticos não são isolados e sim estão presentes em diversas situações do cotidiano. Isso contribui para que, desde cedo, elas desenvolvam uma relação positiva com a matemática, associando-a a experiências agradáveis e significativas.

A etnomatemática, por sua vez, oferece uma abordagem rica e inclusiva para o desenvolvimento do pensamento matemático na prática pedagógica com as crianças. Ela valoriza os conhecimentos matemáticos presentes nas práticas cotidianas das diferentes culturas, demostrando para as crianças que a matemática é uma linguagem universal, expressa de maneiras diversas conforme o contexto cultural. Ao explorar a etnomatemática, os(as) professores(as) podem apresentar propostas que conectem as crianças às suas próprias culturas e tradições, inserindo conceitos em um contexto que é relevante e significativo para elas. Isso, além de enriquecer o aprendizado, também promove o respeito e a valorização da diversidade cultural.

O desenvolvimento do pensamento matemático na Educação Infantil é, portanto, um processo que exige a integração de diversas abordagens pedagógicas. É fundamental que os(as) educadores(as) planejem suas propostas de maneira intencional, sempre levando em consideração a importância de proporcionar experiências ricas e variadas que convidem as crianças a explorar e construir conhecimentos de maneira significativa. Esse planejamento deve incluir a integração da arte, dos jogos e brincadeiras, da literatura, dos materiais manipulativos, da etnomatemática, entre outras abordagens, dentro de um currículo que valorize e reconheça a infância como uma fase crucial de desenvolvimento.

Olhar para a infância com a devida seriedade significa reconhecer que é durante esse período que os principais desenvolvimentos cognitivos, sociais e emocionais começam a se estabelecer. É na Educação Infantil que as bases para o pensamento lógico começam a ser formadas, e é fundamental que os(as) educadores(as) proporcionem um ambiente que favoreça esse desenvolvimento de maneira integral. Um planejamento pedagógico intencional, que incorpore propostas variadas e desafiadoras, é essencial para garantir que as crianças tenham as oportunidades necessárias para desenvolver plenamente suas capacidades.

A BNCC reforça essa perspectiva ao destacar a importância dos direitos de aprendizagem e desenvolvimento na Educação Infantil (BRASIL, 2018, p. 38). De acordo com o documento, as crianças têm o direito de conviver, brincar, participar, explorar, expressar-se e conhecer-se. Cada um desses direitos pode ser diretamente relacionado ao desenvolvimento do pensamento matemático. A convivência em grupo, por exemplo, favorece a troca de ideias e a construção coletiva do conhecimento. A brincadeira, por sua vez, é uma forma natural das crianças explorarem conceitos, enquanto a participação ativa nas propostas pedagógicas permite que elas assumam o protagonismo de seu próprio aprendizado.

A exploração do mundo ao redor, outro direito garantido pela BNCC, é fundamental para o desenvolvimento do pensamento matemático. Ao explorar, as crianças fazem perguntas, testam hipóteses, experimentam com materiais e situações e constroem conhecimento de maneira ativa e autônoma. A expressão, por meio da arte e de outras formas, é outra maneira das crianças elaborarem e comunicarem suas descobertas, tornando o aprendizado significativo e pessoal. Finalmente, o conhecimento de si mesmas e de suas capacidades é reforçado à medida que as crianças percebem que são capazes de resolver problemas, entender padrões e criar conexões, o que contribui para o desenvolvimento de sua autoconfiança e autoestima.

Diante disso, é imprescindível que professores(a) da Educação Infantil planejem suas propostas com a intencionalidade de promover o desenvolvimento do pensamento matemático, integrando de forma criativa e eficaz as diversas linguagens da arte, os jogos, a literatura, os materiais manipulativos e a etnomatemática, por exemplo. Assim, será possível promover uma educação de qualidade às crianças, que valorize sua infância e que contribua para a formação de indivíduos capazes de pensar de maneira crítica e criativa, preparados para enfrentar os desafios do mundo em que vivem.

REFERÊNCIAS

ALMEIDA, G. C. de; BARGUIL, P. M. O conhecimento lógico-matemático e a educação infantil. In: ANDRADE, F. A. de; GUERRA; M. A. M. A.; JUVÊNCIO, V. L. P.; FREITAS, M. de S. (Orgs.). *Caminhos da Educação: questões, debates e experiências*. Curitiba: CRV, 2016. p. 201-208.

BARROS, M. I. A. de. *Desemparedamento da infância: a escola como lugar de encontro com a natureza.* 2 ed. Rio de Janeiro: Instituto Alana, 2018.

BETTELHEIM, B. *A psicanálise dos contos de fadas.* 42 ed. Rio de Janeiro: Paz & Terra, 2021.

BRASIL. Ministério da Educação. *Base Nacional Comum Curricular.* Brasília, 2018. Disponível em: http://basenacionalcomum.mec.gov.br. Acesso em: 25 set. 2024.

CORSO, D. L.; CORSO, M. *Fadas no divã: psicanálise nas histórias infantis.* Porto Alegre: Artmed, 2006.

CUNHA, S. R. V. da. *As artes no universo infantil.* Porto Alegre: Mediação, 2012.

D'AMBROSIO, U. *Etnomatemática: Elo entre as tradições e a modernidade.* 2.ed. Belo Horizonte: Autêntica, 2005.

DONGO-MONTOYA, Á. O. *Teoria da aprendizagem na obra de Jean Piaget*. São Paulo: Ed. UNESP, 2009.

FERREIRO, E. *Reflexões sobre a alfabetização*. 26 ed. São Paulo: Cortez, 2018.

GARDNER, H. *Inteligências múltiplas: a teoria na prática.* Trad. Maria Adriana Veríssimo Veronese. Porto Alegre: Artes Médicas, 1995

HORN, M. da G. S.; BARBOSA, M. C. S. B. *Abrindo as portas da escola infantil: viver e aprender nos espaços internos.* Porto Alegre: Penso, 2022.

KAMII, C. *A criança e o número: implicações educacionais da teoria de Piaget para a atuação com escolares de 4 a 6 anos.* Trad. Regina A. de Assis. 39 ed. Campinas: Papirus, 2023.

KISHIMOTO, T. M. (Org.). *Jogo, brinquedo, brincadeira e a educação*. 14 ed. São Paulo: Cortez, 2017.

MACEDO, L.; PETTY, A. L. S.; PASSOS, N. C. *Os jogos e o lúdico na aprendizagem escolar.* Porto Alegre: Artmed, 2007.

MONTEIRO, G., MEDEIROS, J. G. A contagem oral como condição para a aquisição do conceito de número. In: *Estudos de Psicologia* (Natal). jan. 2002. Disponível em: https://www.scielo.br/j/epsic/a/VMKKq8sjZZRBYwZHmJ6TY7g/#. Acesso em 07 jul. 2024.

MUNARI, A. *Jean Piaget.* Trad. e Org. Daniele Saheb. Recife: Fundação Joaquim Nabuco, Editora Massangana, 2010.

PIAGET, J. *A formação do símbolo na criança: imitação, jogo e sonho, imagem e representação.* Trad. Álvaro Cabral e Christiano Monteiro Oiticica. 4 ed. [Reimpr.] Rio de Janeiro: LTC, 2023.

PIAGET, J. *A psicologia da inteligência.* Trad. Guilherme João de Freitas Teixeira. Petrópolis: Vozes, 2013.

PIAGET, J. *O nascimento da inteligência na criança.* Trad. Álvaro Cabral. 5 ed. Rio de Janeiro: LTC, 2024.

SANS, P. T. C. *Pedagogia do desenho infantil.* São Paulo: Átomo, 2001.

SMOLE, K. S. *A matemática na educação infantil: a teoria das teorias múltiplas na prática escolar.* Porto Alegre: Penso, 2000.

SMOLE, K. S; DINIZ, M. I. CÂNDIDO, P. *Brincadeiras infantis nas aulas de matemática.* Porto Alegre, RS: Artmed, 2000.

VIGOTSKI, L. S. *Imaginação e criação na infância: ensaio psicológico livro para professores.* Trad. e rev. Zoia Prestes e Elizabeth Tunes. São Paulo: Expressão Popular, 2018.

VIGOTSKI, L. S. *A formação social da mente: desenvolvimento dos processos psicológicos superiores.* Trad. José Cipolla Neto. 7 ed. São Paulo: Martins Fontes, 2007.